일러두기

- 이 책에 나오는 고유명사 가운데 일반적으로 잘 알려진 지명은 국립국어원 외래어 표기법에 맞추어 표기했고 이외의 지명 및 상호명 등은 태국어 발음에 가깝게 표기했습니다.
- 원어는 일부 원어를 제외하고 태국어와 로마자를 함께 병기했습니다.
- 단행본은 『』, 기사, 단편은 「」, 전시·행사, 작품은 〈 〉, 신문·잡지, 영화는 《 》로 표기했습니다.

태국 문방구

초판인쇄	2022년 6월 9일
초판발행	2022년 7월 4일
지은이	이현경
발행인	노성일
편집	서하나
디자인	노성일
인쇄제책	독일인쇄
후가공	한진금박

소장각

경기도 고양시 덕양구 세솔로 149, 1603-1309
fax. 0303-3444-0416
contact@sojanggak.kr
sojanggak.kr
instagram.com/sojanggak
등록번호. 2020년 3월 2일 제2020-000052호

ⓒ이현경. 2022.
이 책의 저작권은 지은이에게 있습니다.
이 책은 저작권법에 따라 한국에서 보호를 받는
저작물이므로 저자와 출판사의 허락 없이
무단으로 전재하거나 복제할 수 없습니다.

ISBN 979-11-969859-5-0 (03910)
정가는 표지에 적혀 있습니다.

이현경

프롤로그

**태국 문방구 여행을
시작하며**

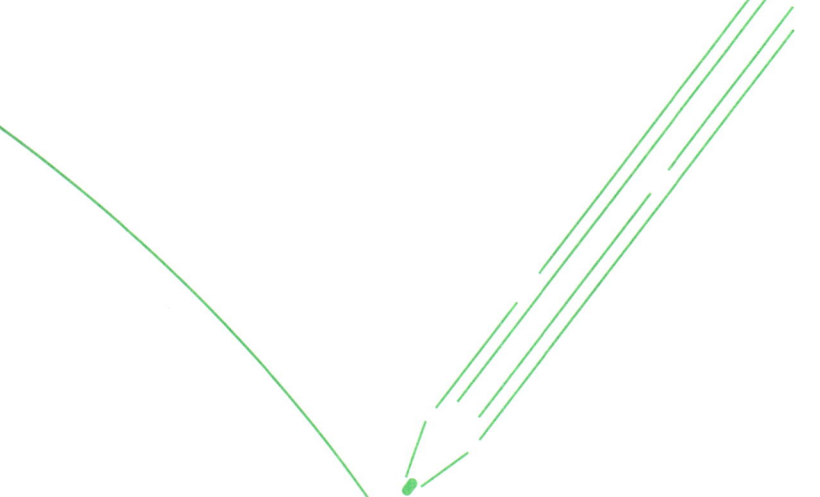

ปากกา 펜

태국에 이민을 온 지 어느덧 3년이라는 시간이 흘렀습니다.
2019년 5월의 마지막 날, 인천에서 방콕으로 향하는 6시간 동안
비행기 안에서 내내 울었던 기억이 아직도 선명합니다. 새로운 생활에
대한 기대감도 컸지만, 지금까지 살아온 나라를 뒤로 하고 낯선 곳에
가서 살아야 한다는 생각에 막막하기도 했으니까요. 수많은 감정이
뒤죽박죽 뒤섞여 풍선처럼 부풀어 오르던 마음이 비행기를 타는 순간,
팡하고 터져버렸습니다. 그리고 비행기 안에서 홀로 극심한 외로움과
두려움을 온몸으로 마주해야 했습니다.

  하지만 그 시간 동안 저를 위로해준 것이 있습니다. 작은 입국
신고서 한 장과 여권 케이스에 꽂혀 있던 검은 펜 한 자루입니다.
조금이라도 마음을 달래려고 정수리 위로 뚝 떨어지는 기내 조명에
의지해 태국으로 들어가는 관문인 입국 신고서를 천천히 작성했습니다.
그동안 여러 나라로 수없이 떠나고 돌아오는 일을 반복해왔기 때문에
입국 서류 정도는 눈을 감고도 작성할 수 있는데 그날은 이상하게도
참 낯설게 느껴졌습니다.

  그래서일까요? 그날따라 유난히 입국 신고서를 꼼꼼하게 살펴보게
되었습니다. 그리고 이내 이런 질문들이 머릿속에 떠올랐습니다.
'왜 종이는 이런 재질을 사용했을까?' '왜 이런 서체를 골랐을까?'
'왜 이 크기로 제작했을까?' 답이 돌아오지 않는 질문 속에서 꽤 긴
시간을 보냈습니다. 그러면서 한국에서 마지막으로 근무한 회사의
판촉용 펜이 의외로 제가 좋아하는 필기감이라는 사실을 문득 깨닫기도
했지요. 그렇게 힘든 마음이 다른 곳으로 조금씩 향하면서 나아지는 걸
느끼다가 지쳐 잠이 들었습니다. 그리고 눈을 떠보니 저는 어느새 방콕
수완나품국제공항에 도착해 있었습니다.

드디어 태국에서의 생활이 시작되었습니다. 매일 태국어와 마주하면서도 생각만큼 실력이 늘지 않아 낙담할 때도 많았습니다. 그리고 태국에서 부딪히는 모든 일이 쉽지 않았습니다. 통장 개설부터 외국인 등록증을 만드는 일까지 마지막에는 결국 태국인의 도움을 받아야 했습니다. 무슨 일이든지 혼자 야무지게 잘하고 싶었지만, 제 마음 같지 않아 태국 생활 초기에는 마치 어린아이가 된 듯했습니다. 무엇보다 여름을 좋아하는 사람도 지칠 정도로 더운 날씨가 자꾸 저를 바닥에 드러눕게 했고, 5월부터 10월까지 이어지는 우기는 몸과 마음을 한없이 가라앉게 했습니다.

　　이런 타국 생활에서 삶의 활력과 위로가 되어준 존재가 있습니다. 바로 '태국 문방구'입니다. 태국 생활 초창기에는 매일 태국어 수업이 끝나면 방콕 중심지인 쎄얌과 함께 플런칫지역을 중심으로 크고 작은 문방구를 찾아다녔습니다. 그리고 주말에는 방콕 외곽과 지방 소도시에 있는 문방구를 향해 달려갔습니다. 어딘가를 여행할 때면 늘 그 지역의 숨겨진 문방구를 탐험하는 일을 좋아했습니다. 그래서 태국 문방구를 찾아다니는 일은 저를 매일 태국을 여행하는 '여행자'로 만들어 주었지요. 그런 일상이 2년 넘게 이어졌습니다. 그리고 매일 태국 문방구를 찾아다니며 알게 된 사실이 있습니다. 태국에는 다양한 모습을 간직한 개성 있는 문방구가 많다는 사실입니다. 어디를 가든 수십 년의 세월을 간직한 문방구를 만날 수 있는 것은 물론이고, 바닷가 마을의 작은 문방구에서 시작해 예술적 감성이 가득한 문방구나 요즘에 맞는 태국의 세련된 감각을 알 수 있는 문방구까지.

　　그렇게 접한 태국의 문방구와 다양한 문구 들을 통해 그 나라의 역사와 문화도 알아갔습니다. 때때로 정체를 알 수 없는 알쏭달쏭한

문방구와 그 안에 숨겨진 보물과 같은 문구를 만날 때면 그 수수께끼를
풀고 싶어 며칠을 전전긍긍하기도 했습니다. 이런 시간이 쌓이면서
더욱더 자세히 '태국 문방구'에 관해 알아가고 싶은 마음이 커졌고 그렇게
발견한 태국의 숨겨진 보석 같은 문방구 이야기를 이 책 『태국 문방구』에
담게 되었습니다.

"너는 왜 태국의 문방구를 찾아다녀?"
태국 친구들이 종종 저에게 하는 질문입니다. 이 질문에 어떻게 대답하면
좋을까 곰곰이 생각하다가 그 출발점이 어디에 있는지 깨달았습니다.
제가 태국 문방구를 여행하게 된 이유는 낯선 태국에서의 특별하지 않은
일상을 특별하게 만들기 위한 저의 절박한 마음과 호기심이었다는
것을요.
　　　이 책을 통해 어떤 분은 태국의 문방구에 관한 새로운 정보를
얻을 것이고 또 다른 분은 타국에 사는 이방인의 삶을 간접적으로 체험할
수 있을 것입니다. 그리고 '태국'과 '문방구'라는 각각의 소재에서 벗어나
새로운 시각으로 결합한 '태국 문방구'와 만날지도 모릅니다.
　　　제가 태국 문방구를 통해 삶의 위로를 받았듯, 여러분에게 이 책이
특별하지 않은 일상을 잠시나마 특별하게 만들어주는 소소한 위안이
되길 바랍니다. 그리고 이 책에 담긴 색색깔의 문방구 이야기를 읽으며
어디에서든지 즐겁고 가볍게 태국 여행을 떠나보셨으면 좋겠습니다.

　　　태국 방콕에서
　　　이현경

4 프롤로그 — 태국 문방구 여행을 시작하며

첫 번째 여행지 — 방콕

14 우연과 필연으로 만난 50년 역사의 쏨쌉문방구
28 츤데레 할머니 자매가 운영하는 전설의 문방구 찌쳐이
44 예술을 사랑하는 태국 소년이 그려내는 미디엄스
56 시공간을 초월하는 신비한 곳, 문구회사 난미 짜른끄룽점
70 긴 기다림 끝에 만난 가장 오래된 문방구 모하마드
86 부록. 태국의 문구 매장과 문구 회사에 대해 알아봅시다

두 번째 여행지 — 수판부리, 사라부리, 나콘빠톰

96 가족의 역사와 따뜻함이 담긴 윗타야판문방구
108 태국 문구의 기본 지식을 배울 수 있는 엑와닛삼축문방구
122 귀여운 할머니 자매와 고양이가 기다리는 나나판문방구
136 꿈과 희망이 가득한 문방구 북쓰쥬니어
144 부록. 태국에만 있는 문구를 알아봅시다

세 번째 여행지 — 치앙마이, 빠이, 치앙라이

156 빈티지 문구와 만날 수 있는 카페 페이퍼스푼
168 시간이 멈춘 듯 느릿느릿 흐르는 엄피까문방구
178 예술의 도시 치앙라이에서 만난 예술적 문방구
190 부록. 태국 문방구에서 만날 수 있는 추억의 불량식품을 알아봅시다

네 번째 여행지 — 꼬사무이, 핫야이

196   바닷가 마을의 수줍은 소녀가 반겨주는 넝임임문방구
206   태국의 문화를 엿볼 수 있는 도장이 가득한 꺼짝끄라완문방구
220   부록. 태국 곳곳에서 역사와 문화가 담긴 문구를 찾아봅시다

다섯 번째 여행지 — 콘깬, 깔라신

232   55년 동안 지역 주민과 함께해온 쏙사판콘깬문방구
248   소도시의 소소한 즐거움이 가득한 깔라신 문방구 거리
266   부록. 지성이 넘치는 대학교 서점 문방구로 문구 여행을 떠나봅시다

274   에필로그 — 태국 문방구 여행에서 돌아오며

278   이 책에 소개된 장소들
284   참고 자료

Bangkok

กรุงเทพฯ

첫 번째 여행지

방콕

우연과 필연으로 만난 50년 역사의
씀쌉문방구

เสริมทรัพย์

2020년 6월, 친구와 함께 방콕의 차이나타운인 야오와랏을 เยาวราช, Yaowarat
걷고 있었다. 태국에서 가장 무더운 달인 4월은 이미 지나 있었다.
하지만 한낮의 열기는 여전해 온몸은 이미 태양에 녹아 버릴 것
같았다. 그렇게 더위에 지쳐 쓰러지기 일보 직전, 마치 오아시스의
신기루처럼 갑자기 오래된 가게가 눈앞에 나타났다. 그곳은
차이나타운의 다른 건물들처럼 상점인지 가정집인지 도통
분간할 수 없는 건축 구조로 되어 있어 처음에는 무슨 가게인지
알아보지 못했다. 하지만 안에 진열된 태국식 붓 보관함과
나무로 만들어진 연필 보관함을 보고 문방구라고 바로 짐작할 수
있었다. 온몸을 뜨겁게 감싸는 더위를 피해 가게 안으로 들어섰다.
가게에는 선풍기조차 없었지만, 높은 천장 덕분에 미지근한
바람이 문방구의 안과 밖을 자유롭게 드나들며 땀을 식혀주었다.

우연히 들어선 문방구의 이름은 쏨쌉이었다. 가게 안에 있는 เสริมทรัพย์, Soemsap
유리 진열장은 언제 닦았는지 알 수 없을 정도로 뿌옜지만,
그 안에는 오래된 문구들이 가지런히 진열되어 있었다. 유리에
얼굴을 바짝 대고 하나하나 살펴보았다. 이내 수많은 질문이
머릿속에 끊임없이 생성되었다. 이 문방구는 언제부터 있었을까?
이 문구들은 언제 만들어졌을까? 어떤 연필이 제일 오래되었을까?

그런데 갑자기 뒤에서 싸한 느낌이 들었다. 천천히 뒤를 돌아보니 주인아저씨가 팔짱을 끼고 나와 친구를 냉랭하게 바라보고 있었다. 함께 있던 친구는 그 모습에 당황해 얼떨결에 빛바랜 주황색 연필 트레이를 가리키며 가격을 물어보았고 판매용이 아니라는 대답이 돌아왔다. 찬바람이 쌩하고 불었다. 조금 전만 해도 40도가 넘는 뜨거운 날씨에 몸이 녹을 정도였는데 순식간에 한기가 돌았다. 그래도 용기를 내어 주인아저씨에게 사진 촬영을 해도 되는지 물어보고 연필 상자 사진을 몇 장 찍었다. 하지만 영 달가워하지 않는 눈치였다. 가게 안에 차갑게 내려앉은 공기를 견디지 못하고 친구와 나는 짧은 눈짓을 주고받았다. '어서 이곳을 나가자.' 그리고 작은 수첩 세 권을 계산한 뒤 황급히 문방구를 빠져나왔다. 쫓기듯이 나와 터덜터덜 걸으며 쏨쌉문방구를 지도 어플에 입력했다. 나중에 다시 갈지는 모르겠지만, 일단 저장해두고 싶었다.

  그런데 그동안 태국 가게들의 친절함에 익숙해져 있었던 것일까? 예상하지 못한 주인아저씨의 차가운 태도에 마음에 생긴 조그만 상처가 집에 돌아와서도 쉽사리 사라지지 않았다. 처음에는 괜히 분하기까지 했는데 이상하게 며칠이 지나도 이 문방구가 계속 머릿속에 맴돌았다. 문방구를 제대로 살펴보지 못한 아쉬움과 그곳에 대한 궁금증 때문이었다. 결국 일주일 뒤 다시 쏨쌉문방구를 찾았다.

쏨쌉문방구를 다시 찾아가는 일은 쉽지 않았다. 우연히 발견한 문방구였던 데다 지도 어플에 입력해둔 주소가 잘못되어 있었다. 기억을 더듬어 문방구 근처에 있던 한 중국식 카페에 겨우 도착했다. 그리고 15분을 더 헤매다 또 더위에 쓰러지기 직전, 신기루처럼 문방구가 다시 모습을 드러냈다.

    두 번째로 방문한 쏨쌉문방구는 마치 오래된 박물관의 유물처럼 시간이 멈추어 있는 듯했다. 그 모습이 처음 왔을 때보다 나를 더 압도했다. 지난번처럼 냉대를 받지 않을까 두려워하면서 문방구에 발을 들였다. 그리고 안을 찬찬히 둘러보다가 마음에 드는 오래된 독일 연필 두 자루를 발견해 손에 들고 주인아저씨에게 다가갔다. 오늘도 주인아저씨는 심드렁해보였다. 조심스럽게 연필 가격을 물었다. 그런데 생각지도 못한 반응과 대답이 돌아왔다. "이 연필은 내가 여기에 처음 왔을 때 독일에서 수입해왔으니 50년 가까이 이곳에 있었어요. 아마 이 연필 모델은 전 세계에서 내가 가진 게 마지막일 거예요. 가격은 연필 한 자루에 100밧(한화로 약 3,600원)인데 여기 있는 세 자루를 모두 사면 조금 할인해줄게요." 그러면서 아저씨는 나에게 어떤 문구를 찾는지도 물었다. 드디어 아저씨와 이야기를 나누다니. 신이 났다. 아저씨가 처음으로 나에게 관심과 반응을 보인 것이 그렇게 기쁠 수 없었다. 마치 친해지고 싶었지만 눈길조차 주지 않아 다가가기 힘들었던 학교 선배가 내게 처음으로 말을 걸었던 오래전 그날의 느낌 같았다.

쏨쌉문방구의 시작은 약 50여 년 전으로 거슬러 올라간다. 당시는 많은 중국인이 중국 화이난에서 태국 전역으로 이주해와 정착하던 시기였다. 그때 방콕에 조성된 곳이 지금의 야오와랏이었다. 아저씨 가족도 비슷한 시기에 방콕으로 옮겨와 정착했고 아저씨가 고등학생일 때 안쪽은 가정집, 바깥쪽은 가게로 사용하려고 이 건물을 지었다고 한다.

가게 이름 '쏨쌉'은 돈을 많이 벌어들인다는 뜻. 자신이 이루고자 하는 바를 가게 이름에 직접 표현하는 중국식 작명 문화에서 비롯된 것이었다. 주인아저씨는 이곳에서 처음에는 문구와 식료품을 함께 판매했지만, 10년 전부터 문구류만 판매하고 있으며 이제는 그마저도 많은 양은 취급하지 않는다고 했다. 마치 어린아이 같은 초롱초롱한 눈으로 지금까지 마음속에 켜켜이 쌓아온 이야기를 수줍게 이어가던 아저씨는 누군가에게 가게 이야기를 털어놓는 게 처음이라면서 자신의 노모와 함께 50년 동안 지켜온 이곳에서 오래 살고 싶다고 말했다.

고백하자면, 이때 나는 쏨쌉문방구의 가게 분위기는 물론 그 위치까지 마음에 들어 가게를 인수하고 싶다는 욕심이 있었다. 그래서 슬쩍 가게 정보를 얻어야겠다는 생각도 있었다. 하지만 아저씨와 1시간 정도 문방구 이야기를 나누면서 이 공간은 감히 내가 손을 대서는 안 되는, 아저씨의 삶이 담긴 소중한 곳이라고 깨달았다. 그리고 아저씨의 문방구에 대한 애정 앞에서 내 욕심은 눈 녹듯이 사라졌다.

세계 곳곳을 여행할 때 습관처럼 오래된 문방구를 찾아다니곤 한다. 그 나라의 고유한 역사를 발견하고 그곳 사람들이 살아가는 이야기를 들을 수 있기 때문이다. 마치 쏨쌉문방구가 담고 있는 소중한 이야기보따리처럼. 만약 내가 첫 방문의 기억만으로 문방구 주인아저씨를 퉁명스럽고 쌀쌀맞은 사람이라고 단정 짓고 다시 이곳을 찾지 않았더라면 이런 소중한 이야기를 들을 수 있었을까? 이때 용기를 내어 다시 찾아간 나에게 고맙기까지 하다.

    그 뒤로 쏨쌉문방구에는 서너 번 더 찾아갔다. 특별히 문구를 사러 간 것은 아니었지만, 무언가 알 수 없는 끌림이 있었다. 내가 쏨쌉문방구를 발견하고 주인아저씨를 만난 일은 결코 작은 우연은 아니다. 그냥 스쳐 지나갈 수도 있었을 인연을 소중한 인연으로 만들어낸 멋진 기회였다. 아저씨의 바람대로 쏨쌉문방구가 앞으로 더 오랫동안 이 자리를 지켰으면 좋겠다.

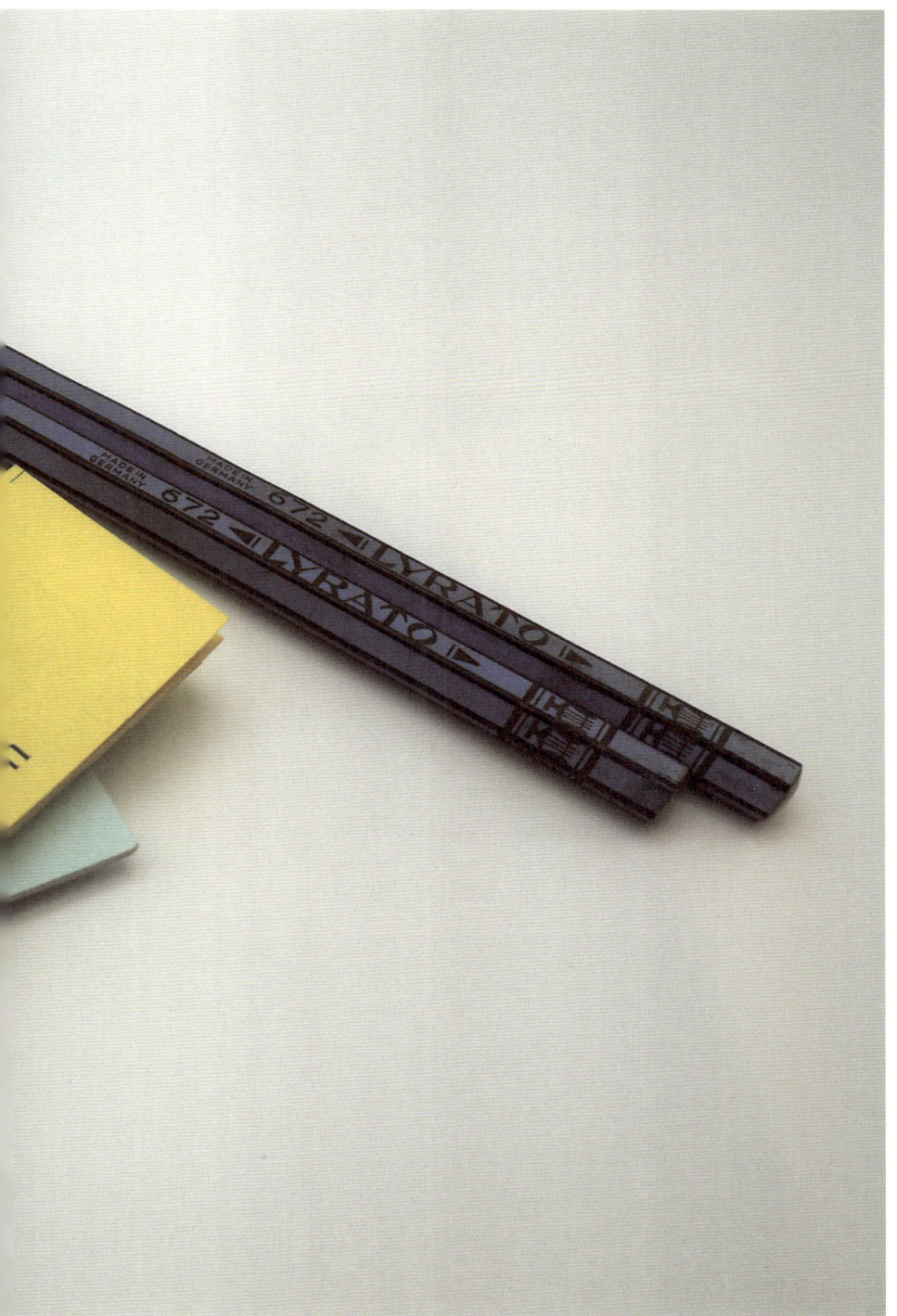

츤데레 할머니 자매가 운영하는
전설의 문방구 찌쳐이

จี๋ฉ่อย

찌쳐이문방구를 언제 처음 알게 되었는지는 정확하게 기억나지 않는다. 하지만 쭐라롱껀대학교를 졸업한 태국인 친구를 통해 알았다는 사실만은 분명하다.

해가 지고 조금은 선선해진 어느 날 저녁, 친구와 함께 쭐라롱껀대학교 근처 공원을 산책하고 있었다. 그런데 갑자기 친구가 이 부근에 '없는 것 빼고 다 있는 문방구'가 있다는 엄청난 이야기를 들려주었다. 문방구와 잡화점으로 유명한 오래된 가게로, 쭐라롱껀대학교를 졸업한 학생이라면 모두 아는 '전설의 문방구'라고 했다. 그 이야기를 듣는 순간, 갑자기 가슴에서 무언가가 활활 타오르기 시작했다. 그런 문방구가 있다면 나는 세상 어디든 갈 준비가 되어 있었다. 그래서 곧바로 친구를 끌고 찌쳐이문방구로 가고 싶었지만 아쉽게도 이미 영업이 끝나 있을 시간이었다.

그날 집으로 돌아오자마자 찌쳐이문방구에 대한 정보를 검색하기 시작했다. 태국인이 가장 많이 사용하는 SNS 페이스북과 트위터 그리고 태국 최대의 커뮤니티 사이트 판팁을 샅샅이 뒤졌다. 역시 전설의 문방구라는 명성에 걸맞게 몇몇 정보를 어렵지 않게 찾을 수 있었다. 특히 판팁에는 찌쳐이문방구를 둘러싼 엄청난 후기들이 있었다. 그 문방구에서 비행기를 샀다는 둥 주인 할머니 두 분이 외계인이라는 둥 믿을 수 없는 이야기로 가득했다. 그 내용들만 모아도 멋진 책 한 권이 나올 것 같았다. 하지만 이 문방구를 내 눈으로 직접 보지 않는 한

감히 찌쳐이문방구에 대한 그 어떤 글도 쓸 수 없을 듯했다.
수십 개가 넘는 후기와 댓글을 읽고 있으니 문방구에 대한
궁금증은 더욱 커졌다.
      지도 어플로 본 찌쳐이문방구는 쭐라롱껀대학교의
옛 기숙사 건물에 있었다. 이상하다. 여기는 내가 평소에 자주
지나치는 익숙한 곳인데 왜 이 문방구를 한 번도 본 적이 없지?
곰곰이 생각하다가 언젠가 기숙사 건물 앞을 지날 때 문을 연
가게 앞에서 주인으로 보이는 두 할머니가 빨간 플라스틱 의자에
앉아 부채질을 하고 있던 모습을 본 기억이 어렴풋이 떠올랐다.
그때는 아무 생각 없이 지나쳤는데 지금 돌이켜보니 그 가게가
찌쳐이문방구였다. 이렇게 유명한 곳을 모르고 그냥 지나쳤다니.

며칠 뒤 전설의 문방구를 탐험해야겠다 마음을 먹고
찌쳐이문방구를 찾아갔다. 하지만 문은 굳게 닫혀 있었다.
그 뒤로도 서너 번 더 문방구를 찾아갔지만, 통유리 안의 가게는
깜깜하기만 했다. 시간이 갈수록 마음이 점점 더 조급해졌다.
그래서 어느 날인가는 출입문 옆에 붙어 있던 연락처로 전화를
했다. 하지만 없는 번호라는 야속한 메시지만 흘러나왔다.
이제 마음은 조급하다 못해 점점 타들어 갔다.
      미국 네바다주에는 'Area 51 51구역'이라는 비밀 공군 기지가 있다.
그곳은 민간인의 출입이 철저하게 통제되어 있어서인지
미확인 비행물체 UFO가 있다는 둥 외계인이 산다는 둥

음모론이 많이 떠도는 곳이라고 예전에 어느 다큐멘터리에서 본 적이 있었다. 찌쳐이문방구에 대한 나의 마음이 딱 이랬다. 아무나 갈 수 없는 미지의 세계.

결국 나는 궁금증을 참지 못하고 페이스북과 인스타그램에 찌쳐이문방구의 소식을 묻는 글을 올렸다. 하지만 영양가 있는 답변은 돌아오지 않았다. 심지어 어떤 태국인 친구는 '정확하지는 않지만, 지금 주인 할머니께서 편찮으시다.'는 추측성의 슬픈 댓글을 달기도 했다. 그때는 정말 심장이 쿵 하고 내려앉는 기분이었다. 심란한 마음을 이기지 못하고 찌쳐이문방구를 알려준 친구에게 장문의 메시지를 보냈다. 문방구 주인 할머니들의 소식과 이 문방구가 언제 문을 여는지 알아볼 수 있느냐는 내용이었다. 발이 넓은 이 친구라면 며칠 안에 찌쳐이문방구 소식을 알아낼 수 있을 것 같았다.

그날 저녁 친구는 바로 쭐라롱껀대학교 졸업생 커뮤니티에 찌쳐이문방구 소식을 알고 싶다는 글을 정성스럽게 써서 올렸다. 나의 SNS 계정도 그 글에 참조로 걸어 댓글을 실시간으로 볼 수 있도록 해주었다. 친구와 나는 그날 꼬박 댓글이 달리기를 기다렸다. 그리고 몇 시간 뒤 친구가 커뮤니티에 올린 글을 확인하니 무려 450개가 넘는 '좋아요'와 100개가 넘는 댓글이 달려 있었다.

나는 깜짝 놀라 댓글을 하나하나 살펴보기 시작했다. 쭐라롱껀대학교를 약 30년 전에 졸업한 선배부터 시작해 다양한

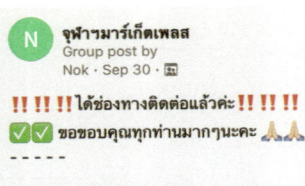

จุฬามาร์เก็ตเพลส
Group post by
Nok · Sep 30 ·

‼️‼️‼️ได้ช่องทางติดต่อแล้วค่ะ‼️‼️‼️
✅✅ ขอขอบคุณทุกท่านมากๆนะคะ 🙏🏻

- - - - -

สวัสดีค่ะ นก วิศวะ รหัส 46 ค่ะ

วันนี้จะมาขอความช่วยเหลือเกี่ยวกับร้านจี๋จ้อยค่ะ

มีรุ่นน้องนักออกแบบ (Brand Designer) อยากติดต่อสัมภาษณ์ร้านจี๋จ้อยค่ะ น้องไปที่ร้านในช่วงหลายเดือนนี้ แต่ไปทีไรก็พบว่าร้านปิดตลอดเลย

มีพี่ๆเพื่อนๆน้องๆท่านใดพอมีช่องทางติดต่อเจ้าของร้านบ้างมั้ยคะ?

(เพิ่มเติม)
1. เบอร์โทรที่ค้นเจอในอินเตอร์เนตด้านล่างนี้ ลองโทรแล้วติดต่อไม่ได้ค่ะ
โทร: 085-

2. ค้นเบอร์ใน Google Map แล้วก็ไม่เจอ / สถานะขึ้นเป็น Permanently Closed ค่ะ 😢

ขอบคุณล่วงหน้ามากๆนะคะ 🎀🙏🏻

- - - - -

‼️‼️‼️ได้ช่องทางติดต่อแล้วค่ะ‼️‼️‼️
✅✅ ขอขอบคุณทุกท่านมากๆนะคะ 🙏🏻

👍😍❤️ You, T and 911 others

All comments ⌄

View previous comments...

K K
ตอนอยู่ สาธิตจุฬาฯ ..... ไปซื้อของกับป้า ซื้อสีน้ะอะไรสักอย่างมั้งจำได้ คิดว่าป้าไม่มีป้าบอกรอแปปนึงนะ แล้วป้าหายไปนานมากกกกกกกกก เรายืนรออะนะ แล้วป้าก็กลับมาพร้อมของที่เราจะซื้อ ...คุยกะพ่อ พ่อบอกถ้าป้าไม่มี ป้าจะเดินออกหลังร้านไปซื้อมาให้และขายราคาทุน หรือบางที ก็เพิ่มไปนิดนึง ...เพื่อตำนานว่าหาอะไรไม่ได้ให้ไปจี๋จ้อย 55555
12w   Like   31 ❤️😆❤️

Y Y
K ใช่ๆ มีบริการหาซื้อของด้วย ผมนั่งรอของหน้าร้านจนบนหิวข้าว ป้าถามจะกินอะไร เดี๋ยวไปซื้อมาให้ 😊
12w   Like   18 ❤️😮❤️

T T
นี่ถึงหากาบมะพร้าว จะเอามาทำกระทงป้ามาหาให้ได้สวยงาม ชอบความ service mind
12w   Like   7 ❤️😍😆

J J
เพื่อนผช บอกว่า กูจะไปซื้อเครื่องบิน 😂
12w   Like   1 👍

P พี
J ยางรถจักรยานก้อ เคยหามาให้แล้วครับ เครื่องบินอาจจะติดต่อได้นะครับ55555
12w   Like   2 😆😆

👉 댓글 내용

K 쭐라롱껀대학교부속고등학교에서 공부했을 때 물감을 사러 찌쳐이문방구에 갔었는데 찌쳐이문방구의 할머니는 지금 물감이 없다고 하셨다. 하지만 그다음 날 문방구에 다시 가보니 물감이 있었다니까. ㅎㅎ
⌐ Y 맞아, 찌쳐이문방구 할머니는 내가 필요한 물건을 항상 어디선가 구해 오셨고 다음 날에 꼭 살 수 있었지!
   T 나는 찌쳐이문방구 할머니에게 부탁해서 코코넛 통을 구매했어. 찌쳐이 할머니는 엄청난 서비스 마인드를 갖고 계셔.
   J 내 친구는 이곳에서 비행기도 살 수 있다고 했어!
⌐ P 맞아. 찌쳐이문방구에는 정말 없는 게 없어. ㅋㅋㅋㅋ

📨 사진은 찌쳐이문방구 정보를 얻기 위해 친구가 커뮤니티에 올린 글 내용

"안녕하세요. 저는 쭐라롱껀대학교 엔지니어링 46기 졸업생 '녹'이라고 합니다. 한국에서 온 제 친구 '한'이 찌쳐이문방구에 가고 싶어 합니다. 하지만 문방구가 며칠째 영업하고 있지 않다고 하네요. 혹시 찌쳐이문방구의 소식을 아시는 선후배님이 이곳에 계실까요? 제 연락처나 페이스북 메시지로 연락을 부탁드립니다."

학부 졸업생의 생생하고 소중한 이야기가 그 안에서 펼쳐지고 있었다. 한 졸업생은 문방구에서 기말고사 기출문제를 비밀리에 구입한 적이 있다고 했고 다른 졸업생은 찌쳐이문방구에서 파는 일본 애니메이션 캐릭터 도라에몽의 가방을 사고 싶어 몇 번이나 찾아갔지만, 주인 할머니가 매번 거절해 결국 살 수 없었다는 귀엽고 슬픈 댓글을 달기도 했다. 한편 쭐라롱껀대학교의 교수로 추정되는 한 인물은 찌쳐이문방구가 100년이 넘는 역사의 쭐라롱껀대학교와 세월을 같이한 중요한 곳이라고 댓글을 남겼는데 '좋아요'가 수십 개나 달렸다. 그것을 보고 정말 많은 사람이 아직도 찌쳐이문방구를 기억하고 있다고 느꼈다. 어떤 댓글에는 '찌쳐이에는 없는 게 없다. 만약 오늘 사야 할 물건이 없었다면 다음 날에는 반드시 그 물건이 있는 엄청난 곳이었다.'라면서 그래서 그런지 종종 짓궂은 손님들이 이상한 물건을 요구하기도 했지만, 주인 할머니들은 전혀 신경 쓰지 않고 무시했다고 쓰여 있었다. 또 한 졸업생은 문방구 이름인 재능이라는 뜻의 태국어 '찌쳐이'를 두고 '지 초이스: 그곳에 가면 모든 것을 살 수 있다.'라고 댓글로 완벽한 정의를 내리기도 했다.

  댓글은 이후에도 계속 달렸고 나와 친구는 점점 더 신이 났다. 그리고 글을 올린 지 24시간이 채 지나지 않아 찌쳐이문방구가 문을 열었다는 소식을 친구가 전해주었다. 정말 기다리던 소식에 당장 달려가고 싶었지만, 마음을 진정시키고 일을 서둘러 마친 뒤, 택시를 타고 부리나케 문방구로 향했다.

찌쳐이문방구로 향하는 동안 친구가 전화로 그곳을 방문하기 전에 꼭 알아야 할 무시무시한 주의사항을 들려주었다. 첫째, 친구는 사고 싶은 물건이 있어도 가게 안쪽까지 들어가지 말고 할머니들에게 필요한 물건을 이야기해야 한다고 알려주었다. 찌쳐이문방구는 사람 한 명이 겨우 지나다닐 정도의 통로만 제외하고 물건이 빼곡하게 쌓여 있기 때문에 할머니들은 가게 안 깊숙이까지 손님이 들어가 물건을 만지는 일을 극도로 싫어한다고 했다. 그래서 물건을 사려면 좁은 통로에서 부지런히 손님을 맞는 할머니들에게 먼저 이야기해야 한다는 것이었다. 둘째, 주인 할머니들이 물건을 찾는 속도가 매우 느리니 인내심을 가지고 기다려야 하며 절대로 채근해서는 안 된다고 알려주었다. 마지막으로 친구는 할머니들을 절대 자극하는 말을 해서는 안 된다면서 최대한 조용히 이야기를 나누라고 신신당부했다. 문방구에 가면서 이렇게 많은 주의사항을 듣기는 처음이었다. 엄청난 긴장감이 몰려왔다.

    드디어 찌쳐이문방구에 도착했다. 나를 가장 먼저 반겨준 것은 찌쳐이문방구의 간판이었다. 지금까지 들은 엄청난 소문과 무시무시한 주의사항과는 달리, 간판은 쭐라롱껀대학교의 상징색인 '쭐라 핑크'로 칠해져 있어 오히려 발랄하기까지 했다. 문방구 앞에는 서로 닮은 할머니 두 분이 앉아 있었다. 긴장감에 침을 꿀꺽 삼키고 할머니들에게 연필깎이를 사러 왔다고 했다. 그러자 두 할머니 가운데 동생으로 보이는 할머니가

"연필깎이 어디 있어?" 하며 옆에 있는 할머니에게 소리를 지르듯 물었다. 주문을 들은 할머니는 천천히 몸을 일으켜 동생과 함께 연필깎이를 찾기 시작했다. 얼굴과 체격이 거의 비슷한 백발의 두 할머니가 옥신각신하며 물건을 찾는 모습을 뒤에서 한참 바라보았다. 두 자매가 오랜 세월 얼마나 서로를 믿고 의지하며 살아왔을까? 본 적도 없는 할머니들의 어린 시절이 상상되어 저절로 입꼬리가 올라갔다.

  5분 정도 지났을까? 동생 할머니가 형형색색의 연필깎이가 담긴 조그마한 상자 하나를 꺼내왔다. 나는 그 상자에서 연필깎이 세 개와 사자 모양의 클래식 커터 칼 하나를 골랐다. 그런데 할머니가 계산을 하려다가 칼날에 녹이 슬어 있는 것을 발견하고는 새것을 가지고 온다면서 좁은 통로 안으로 사라졌다. 나는 기다리는 동안 문방구 입구 쪽에 서서 고개를 빼꼼히 내밀고 안쪽을 살펴보았다. 듣던 대로 정말 물건이 가득했다. 문구류, 종이류, 화분, 비누, 접시, 고깔모자, 축구공, 선풍기, 자전거 바퀴 등 없는 게 없었다.

@arthsarun이라는 트위터 유저가 올린 찌쳐이문방구 일러스트. 이것만 보아도 찌쳐이문방구가 어떤 곳인지 짐작이 간다. illust ⓒAnant

그렇게 계속 보고 있으니 문방구 안쪽이 정말 궁금해져
나도 모르게 한 발을 내디뎠다. 그 순간, 문방구 뒤편 어두운
곳에서 할머니가 칼날을 들고 돌아왔다. 그리고 갑자기
내게 쭐라롱껀대학교의 학생이냐고 물었다. 나는 친구가
쭐라롱껀대학교를 졸업했고, 그 친구가 이 문방구를 알려줘서
오게 되었다고 했다. 하지만 할머니는 경계의 눈초리로 다시
물었다. "혹시 그쪽이 어제 쭐라롱껀대학교 졸업생 커뮤니티에
문방구에 대한 글을 올렸나요?" 아니라고 할 수 없어 친구가
대신 글을 올렸다고 고장 난 로봇 청소기 마냥 버벅거리며
대답했다. 그러자 할머니는 갑자기 주머니에서 휴대전화를 꺼내며
오늘 아침에 친구가 커뮤니티 사이트에 올라온 문방구와 관련된
글을 자신에게 보내줬다고 하는 게 아닌가?

철저히 비밀스럽게 문방구를 방문할 요량이었는데 모든 작전이
실패로 돌아간 듯해 다리의 힘이 풀렸다. 하지만 할머니는
이렇게 이야기했다. "이 글을 읽고 오늘 가게 문을 열었어요."
순간 정말 감사한 마음이 들었지만, 한편으로는 괜히 번거롭게
한 것은 아닐까 하는 마음도 들었다. 그래서 할머니에게 물었다.
"혹시 그 글이 할머니를 귀찮게 했다면 죄송해요. 커뮤니티에
올린 글을 지울까요?" 그러자 할머니는 아이처럼 활짝 웃으며
대답했다. "그 글 덕분에 오랜만에 나에게 연락한 사람이 많았어요.
그냥 놔둬요." 순간 찌쳐이문방구에 다다른 조금은 길었던
여정들이 머릿속을 스쳐 지나가면서 주인 할머니들이 호랑이보다
더 무섭지 않을까 지레 겁먹었던 나의 편협한 생각에 죄송한
마음이 들었다.

　　그렇게 나는 할머니 두 분과 빨간 플라스틱 의자에 앉아
이런저런 이야기를 나누게 되었다. 동생 할머니는 언니가
귀가 안 좋아져 문방구를 도와주고 있다고 했다. 그 모습이
어찌나 아름답고 반짝이던지. 동생 할머니는 쭐라롱껀대학교를
졸업한 뒤 호주에 있는 대학원에서 경제학 석사를 마치고 세계
곳곳에서 일해온 분이었다. 그래서인지 영어 실력과 발음은
나이가 지긋함에도 굉장히 세련되고 지적이었다. 지금도 틈틈이
공부를 이어가고 있다는 할머니의 이야기에 존경심을 뛰어넘어
경이롭다는 마음까지 들었다.

문방구에 온 지 어느덧 30분이 훌쩍 지나가 있었다.
이제 이곳을 떠나야 할 시간이었다. 사고 싶던 태국 숫자
고무도장과 빈티지 색연필 세트가 있었지만, 판매용이 아니라는
대답을 들었다. 아쉬웠지만, 아무 말도 하지 못했다. 동생 할머니의
말투에서 어딘가 모르게 더 이상 선을 넘지 말라는 단호함 같은
게 느껴졌기 때문이었다. 다른 문방구 같았다면 주인을 조르거나
가격을 더 불러서라도 구입했을 테지만, 찌쳐이문방구에서는
그러면 할머니들에게 따끔하게 혼쭐이 날 것 같았다. 그래서
일찌감치 마음을 접었다.

찌쳐이문방구에서 나오자 헛헛한 마음이 들어 친구에게
전화를 걸었다. 친구는 나보다도 더 긴장한 목소리로 문방구가
어땠는지 물었다. 나는 할머니들은 생각보다 친절했고 30분
동안 문방구에 머물렀다고 말했다. 그러자 친구는 깜짝 놀라면서
"찌쳐이문방구에서 할머니들과 1분 이상 이야기한 사람은
지금까지 아무도 없었어."라고 하는 게 아닌가. 그 이야기를
듣자 지금까지 찌쳐이문방구가 문을 열기를 간절히 기다리며
고군분투했던 일이 뿌듯하게 느껴졌다.

이 글을 읽고 만약 찌쳐이문방구에 가보겠다고 결심했다면
다음 주의사항을 꼭 기억하기를 바란다. 문방구를 둘러볼 때는
고양이처럼 살금살금 걸으며 살펴보고 할머니들이 이야기할 때
절대 중간에 잘라서는 안 되며 본인이 담력이 약하다면 청심환
같은 것을 먹고 문방구에 찾아가라고.

    찌쳐이문방구의 주인 할머니들은 유명해지기 싫어서
지금까지 한 번도 인터뷰에 응한 적이 없었다고 한다. 그래서
이 문방구 이야기를 써야 할지 굉장히 고민이 많았다. 하지만
찌쳐이문방구가 알려졌으면 좋겠다는 마음과 알려지지 않았으면
하는 나의 이중적인 마음이 끝내 이 글을 쓰게 했다.

    비록 문방구 안까지 구석구석 둘러보지 못해 전체 풍경을
글에 자세하게 담을 수 없었지만, 그것이 오히려 이 문방구에 대한
궁금증을 더 커지게 만들 거라는 생각도 든다.

    찌쳐이문방구에서 할머니들과 보낸 시간은 짧았지만,
할머니 자매가 티격태격하던 모습이 아직도 눈에 아른거린다.
그분들의 다정하면서도 단호한 목소리도 함께.

찌쳐이문방구에서 산 알록달록한
연필깎이와 사자 모양의 칼을
보고 있으니 초등학생 때가 떠오른다.

예술을 사랑하는 태국 소년이 그려내는
미디엄스

mediums

2021년 4월 중순 무렵의 어느 무더운 아침이었다. 여느 때처럼 인스타그램으로 세계 곳곳에서 올라온 소식을 확인하고 있었다. 그러다가 한 태국 친구가 올린 사진이 눈에 들어왔다. 그곳은 무려 새롭게 문을 연 '문구점'이었고 심지어 내가 사는 아속에서 15분 거리에 있었다. 매장 운영 시간을 확인하니 앞으로 2시간 후면 개점이었다. 나는 자타공인 추진력과 실행력이 굉장히 빠른 편이다. 더군다나 그 목표가 문구와 문방구라면 지구상에서 가장 빠른 엔진을 장착한다. 벌써 마음은 문구점을 향해 전속력으로 달려가고 있었다.

일분일초라도 빨리 문구점을 구경하고 싶어 택시를 잡아타고 10분 만에 에까마이역 근처의 수쿰윗[1] 42 거리로 들어섰다. 조용한 골목에 누가 보아도 새 건물이라는 티를 팍팍 내는 빌딩 하나가 보였다. 가까이 다가가자 단순하고 특이한 디자인의 입간판이 눈에 들어왔다. 하얀 바탕에 '미디엄스'라는 영문 로고가 검은 글씨로 작게 붙어 있었는데 로고가 위쪽으로 반만 드러나 있어 읽기가 쉽지 않았다. 그것만으로도 왠지 이곳은 요즘 유행하는 건축, 인테리어, 그래픽 디자인으로 철저하게 기획한 고수의 향기가 풍겼다.

    미디엄스 입구에 서자 자동문이 스르륵 열렸다. 드디어 새로운 문구점과 조우하는 순간이었다. 처음에는 그저 '문구점'이겠지 싶었는데 발을 들여놓는 순간, 드넓은 공간이 펼쳐졌다.

[1] 방콕 시내 중심가를 동서로 관통하는 5킬로미터 길이의 대로를 가리키며 큰 거리를 중심으로 한쪽은 홀수, 맞은편은 짝수로 골목 번호가 이어진다.

안에 들어서자마자 하얀 유니폼을 입은 한 직원이 다가왔다.
그 직원은 놀랍게도 미디엄스에 관한 이야기를 들려주는
도슨트였다. 미술관에나 있을 법한 도슨트가 문구점에도 있다니.
마치 미술관에 예술 작품을 보러 온 것 같은 기분까지 들어 마음이
들떴다. 도슨트는 미디엄스가 문구점과 예술 그리고 문화가 함께
공존하는 예술 문화 복합 공간이라고 설명하면서 태국의 예술가와
커뮤니티를 위해 24시간 운영된다고 했다. 그 발상이 너무
멋있어 나도 모르게 박수를 칠 뻔했다. 하지만 현재는 코로나19
팬데믹으로 오전 7시부터 오후 7시까지만 운영되고 있었다.
직원의 단정하고 다정한 설명을 들으며 본격적으로 미디엄스
산책을 시작했다.

출입문을 지나 안으로 들어가니 작은 갤러리가 먼저 눈에
들어왔다. 추상적인 사진 작품이 전시되어 있었는데 액자 유리가
정말 깨끗해 사진들이 더욱 생동감 있게 느껴졌다. 사진 작품이
걸린 맞은편 벽에는 누군가의 프로필 사진과 활동 이력이
있었다. 사진작가 소개인 줄 알고 다가갔는데 미디엄스 대표의
프로필이었다. 그런데 얼굴이 꽤 앳되어 보였다. 아무리 많아도
20대 초반으로밖에 보이지 않았다. '대표가 굉장히 동안이네.
예술에 관심이 많은 사람인가 보구나.' 가볍게 넘기고 문구류
코너로 발걸음을 옮겼다.
　　건물은 온몸으로 받은 햇살이 매장 안으로 가득 퍼지도록

디자인되어 있어 제품 하나하나가 모두 쨍하게 눈에 들어왔다. 마치 백사장의 작은 조개껍데기들이 반짝거리는 것 같았다. 그리고 하얀 공간에 촘촘하게 진열된 문구들이 전시회의 오브제처럼 느껴졌다. 신발의 작은 먼지가 바닥을 더럽힐까 한 발 한 발 내딛는 것조차 조심스러웠다. 사뿐사뿐 걷는 고양이로 변신하고 싶다는 마음마저 들 정도였다.

1층에서 2층으로 올라가는 계단은 모두 나무로 되어 있었다. 소재는 티크로 보였는데 천장에서 떨어지는 햇살을 가득 머금어 따스하게 느껴졌다. 계단 구조물이 인생 사진을 건지기에 충분할 정도로 근사해서일까? 사람들이 곳곳에서 사진을 찍고 있었다.

2층은 동선이 '웰라'라는 이름의 작은 카페로 향하도록 설계되어 있었다. 향긋한 커피 냄새를 도저히 그냥 지나칠 수 없어 따뜻한 아메리카노 한 잔을 주문했다. 간이 의자에 앉아 공간을 천천히 음미하는데 이런 생각이 들었다. '내가 문구점을 이렇게 차분하게 구경해본 적이 있었던가?' 분명 처음이었다. 오늘은 어쩐지 평소보다 교양 있는 사람이 되어 문구점에 온 듯한 근사한 기분이 들었다.

커피가 바닥을 보일 무렵 엉덩이가 슬슬 들썩이기 시작했다. 미디엄스의 문구 큐레이션이 궁금해 카페를 뒤로 하고 눈여겨 보아두었던 장소로 향했다. 그곳에는 동그랗고 커다란 하얀색 진열장에 연필과 색연필이 한가득 진열되어 있었다. 진열장을 보니 몇 년 전 힘들게 찾아갔던 일본 가가와현 데시마섬의

豊島美術館데시마미술관이 떠올랐다. 푸르른 자연과 어우러진 아름다운
미술관에는 웅장한 크기의 작품 진열대가 있었는데 미디엄스의
하얀 진열장이 그와 비슷해보였다.

 살다 보면 현재의 'A'라는 순간에서 과거의 'B'라는 순간이
중첩될 때가 있다. 가끔 그런 순간과 마주치면 그 순간이 반갑고
소중하고 고맙게 느껴진다. 미디엄스에서 마주한 순간이 바로
그랬고 이상하게 마음이 자꾸 간질간질해졌다. 그래서 다른
때보다 천천히 그곳을 탐색하기로 했다.

2층에는 화구와 관련된 제품이 많았다. 프랑스 화구회사
르프랑 부르주아(Lefranc Bourgeois)의 유화 물감, 독일 연필제조회사 리라(LYRA)의 수채
색연필, 영국 미술제품제조회사 윈저앤드뉴턴(WINSOR & NEWTON)의 유화 물감
등 다양한 국가의 제품이 한곳에 모여 있었다. 그리고 한국
신한화구의 수채화 물감과 마커 세트도 보였다. 태국의 문방구를
찾아다니다 보면 한국의 모나미나 동아연필에서 출시한 볼펜,
펜, 샤프 등 필기구를 심심치 않게 발견한다. 하지만 신한화구의
제품이 입점되어 있는 곳은 처음이어서 반가웠다. 올림픽
개막식에서 한국이 소개될 때 가슴 한켠이 찡해지는 그런
기분마저 들었다.

 내친김에 45년의 역사를 가진 한국의 화구회사 화홍산업의
제품도 있는지 찾아보려고 붓 코너로 발걸음을 옮겼다. 마침 붓
코너에 직원이 있어 화홍산업의 붓이 있는지 물어보았다. 하지만

그는 '화홍'이라는 단어를 태어나서 처음 들어 본다는 얼굴이었다. 직원과 함께 미디엄스의 재고 현황이 입력된 전산 파일도 들여다보았지만, 발견할 수 없었다.

  아쉬움을 뒤로 하고 사람이 많이 몰려 있는 곳으로 갔다. 무슨 이벤트라도 있나 싶었지만, 종이함을 배경으로 사진을 찍는 사람들이 만들어낸 광경이었다. 높은 천장을 최대한 활용해 만든 종이 보관함은 방금 신축된 하얀색 고층 건물 같았다. 얼핏 보면 똑같은 형태가 반복되는 지루하고 단순한 종이 서랍 탑이지만, 칸 사이사이에서 빼꼼히 고개를 내밀고 있는 형형색색의 종이들 덕분에 그 모습이 멋스럽고 경쾌했다. 특별할 것 없는 종이 보관함을 배경으로 공간을 즐겁게 담아내는 사람들을 보니 내 마음도 덩달아 즐거워졌다. 일상에서 작은 차이를 발견하고 그것을 아름답게 바라볼 줄 아는 멋진 사람들의 시선이 있어 세상의 평범한 것들이 조금 더 특별해진다는 생각이 들었다.

2시간 남짓 미디엄스 산책을 마치고 집으로 돌아왔다. 짧은 방문이었지만, 그곳에서 받은 감동은 꽤 오랫동안 가시지 않았다. 그래서 미디엄스에 대해 더 자세히 알고 싶어 검색을 시작했다. 그리고 곧 나는 아까 본 프로필 사진 속 인물이 해맑게 인터뷰하는 영상과 마주하게 되었다.

  미디엄스 대표의 이름은 까시딧 프라싯라타나폰으로 열일곱의 평범한 학생이자 사진을 좋아하는 예술가였다.

삐떼라는 애칭으로도 불리는 그는 직접 미디엄스 공간을 기획했으며 앞으로 다양한 전시회와 태국 예술가가 함께하는 워크숍 등을 진행할 것이라고 했다. 귀여운 얼굴이었지만, 눈빛만은 여느 회사의 대표 못지않게 진지함으로 반짝였다.

    우연히 친구의 SNS에서 발견한 사진 한 장으로 시작된 근사한 미디엄스 산책. 마치 '예술을 사랑하는 태국의 한 소년이 그려낸 멋진 공간과 문화'라는 주제의 감동적인 전시를 관람한 기분이 들었다. 앞으로 미디엄스가 태국에서 어떤 문구점의 모습으로 확장해 나아갈지 벌써부터 기대된다.

시공간을 초월하는 신비한 곳,
문구회사 난미 짜른끄룽점

บริษัทนานมีจำกัด
เจริญกรุง

태국 구석구석에 숨어 있는 오래된 문방구 탐험을 하다 보면
마음이 둘로 나뉘는 순간이 찾아온다. 첫 번째는 '이 문방구는
나 같은 문구 덕후들과 공유해야겠구나!'이고, 두 번째는
'이 문방구는 철저히 나만 알아야겠다!'는 마음이다. 후자의 마음이
드는 이유는 두 가지다. 아직 아무도 알지 못하는 '나만' 알고 있는
문방구가 세상에 알려지기 싫다는 것과 그곳의 독특한 문구를
오직 '나만' 소장하고 싶다는 것. 세상천지에 나만의 것이란
있을 리 없다. 하지만 이런 마음이 들 정도로 문방구는 나를 유별난
사람으로 만든다.

나는 태국 문방구에 관한 정보를 얻을 때 주로 인터넷 검색과 태국
현지 친구들의 도움을 받는데 그때마다 꼭 등장하는 곳이 있다.
바로 문구회사 난미다. 태국에서 문구 브랜드를 논할 때 빼놓고는
이야기가 되지 않을 정도로 난미는 태국 문구 업계에서 커다란
존재다. 그리고 이번에 소개할 난미의 지점이야말로 앞서 이야기한
첫 번째 마음과 두 번째 마음이 공존하는 굉장한 곳이다.

문구회사 난미는 난미그룹에 속한 회사로, 본점은 방콕에서
대사관, 금융계 회사, 외국계 기업이 밀집한 지역인 싸톤에 있다.
그래서 그런지 난미 본점의 내부는 현대적인 분위기로 잘 정돈되어
있다. 마치 사양 높은 미러리스 카메라로 도시의 전경을 찍은 듯이
쨍한 느낌이다. 이와는 대조적으로 방콕 올드타운 한복판에는
전혀 다른 분위기를 풍기는 난미 짜른끄룽점이 있다.

지점이 위치한 '짜른끄룽'은 20세기 초까지 방콕의 중심 도로 역할을 한 곳으로 과거에는 최대 번화가였지만, 근대화가 이루어지면서 쇠퇴했다. 길거리 상인들과 오래된 건물이 혼재한 짜른끄룽에 자리 잡고 있는 난미 짜른끄룽점은 난미라는 이름의 문방구가 가장 먼저 시작된 곳으로, 세월이 차곡차곡 쌓여 마치 빛바랜 흑백 사진첩 같았다.

    방콕의 뜨거운 햇빛이 회색빛 아스팔트 위를 뜨겁게 달구던 오후, 난미 짜른끄룽점과 처음 마주했을 때의 신기하고 묘한 기분을 나는 아직도 잊지 못한다. 짜른끄룽점의 하얀 외벽에는 난미유한회사의 중국식 직역 표현인 '남미유한공사'라는 한자가 붉은 글씨로 위풍당당하게 쓰여 있었다. 그 붉은 글씨에 나는 그대로 압도되어 분명 태국 한복판에 있는데도 중국이나 대만에 와 있는 듯한 느낌마저 들었기 때문이다. 게다가 문방구 쇼윈도에는 변색된 포스터가 걸려 있었고 삭아버린 제품 상자가 놓여 있었다. 그 모습이 이 문방구가 얼마나 오랫동안 한 곳에서 꿋꿋하게 세월의 풍파를 견뎌 왔는지 설명해주는 듯했다.

난미 짜른끄룽점의 오래된 유리문을 끼익하고 조심스레 열었다.
문을 열기 전까지는 온통 흑백처럼 느껴지던 문방구가 문을
연 순간 거짓말처럼 컬러로 바뀌었다. 순간 20세기 초반의
짜른끄룽으로 돌아간 듯한 착각이 들어 어안이 벙벙해졌다.
　문방구에 들어선 나를 가장 먼저 맞아준 것은 맞은편
벽에 걸려 있던 두 개의 한자 문구였다. 독자를 위해
전국의 잡지 서간 열람 주문 서비스를 한다는 의미의
'위독자복무대정열전국잡지서간'과 참관을 환영한다는 의미의
'환영참관'이었다. 글씨는 모두 대만식 한자로 표기되어 있었다.
어째서 대만식 한자가 여기 있지? 문방구 주인이 대만 사람인가?
이유는 알 수 없었다. 하지만 그걸 보자마자 1980년대의
중국 문방구로 또 한 번 날아가는 듯한 느낌이 들었다. 마치
영국 영화감독 크리스토퍼 놀런의 영화 《테넷》에서 주인공이
과거와 현재를 넘나들듯이 시간 속의 또 다른 시간을 경험하는
기분이었다. '저 빨간 종이 위에 쓰인 글이 나에게 주문이라도
거는 걸까?' 이런 엉뚱한 생각마저 들었다. 글씨는 형광 끼가
살짝 도는 주황색과 빨간색의 중간 정도 되는 배경 색지에 서예
붓으로 검게 쓰여 있었다. 그 두 색의 대비가 어찌나 강하던지
눈앞이 하얘졌다. 자세히 보니 배경 색지는 붙박이장과 천장
사이에 한 치의 오차도 없이 딱 맞게 붙어 있었다. '아, 여기는
작은 부분도 소홀히 하지 않는 대단한 곳이구나.' 하고 직감했다.
그리고 그 예감은 역시 빗나가지 않았다.

난미 짜른끄룽점을 본격적으로 파헤쳐보기 위해 한 쪽 벽면이
모두 연필과 색연필로 점령당한 곳으로 발걸음을 옮겼다.
그곳에 있는 연필 대부분에는 끝에 지우개가 달려 있었다. 생산
연도를 가늠할 수 없을 정도로 오래되어 보이는 연필에서 어제
만들었다고 해도 믿을 수 있을 정도로 세련된 연필까지 다양한
세월의 스펙트럼이 연필의 수만큼 펼쳐져 있었다. 벽면에는
12색에서 48색까지 형형색색의 색연필은 물론이고 초등학생 때
사용한 기억이 있는 동물 모양의 연필깎이까지 빼곡히 정렬되어
있었다. 마치 연필 박물관에 온 것 같은 장엄함마저 느껴졌다.

    연필 코너의 탐험이 끝날 무렵 붓이 진열된 유리 진열장이
눈에 들어왔다. 진열장은 기둥을 유리와 거울로 감싸 위아래로
구분되어 있었고 그 안은 또 여러 칸으로 나뉘어 있었다.
진열장에 가까이 다가가 들여다보니 다양한 세필 붓, 서예 붓은
물론, 중국식 연적, 먹, 벼루와 함께 용이 나무를 휘감아 올라가는
형태로 제작된 웅장한 붓걸이도 있었다. 특히 새송이버섯처럼
통통한 붓은 입구에서 본 환영 문구의 서체와 그 굵기가
비슷해보였다. 이 코너는 혹시 중국 혼혈 태국인인 'ไทยจีน'
오너가 구성한 건 아닐까?

한참 동안 기둥 위쪽 진열장을 들여다보며 중국 서예 도구 여행을 한 뒤 아래쪽의 유리 진열장으로 시선을 옮겼다. 그 안에는 난미 그룹의 문구 브랜드 호스의 이름표를 달고 있는 샤프펜슬이 가지런히 정리되어 있었다. 최신식 모델부터 색이 바랜 오래된 샤프펜슬까지, 윗줄에서부터 아래로 내려갈수록 생산 연도별로 정돈되어 있었다. 마치 샤프펜슬의 그러데이션을 보는 듯했다. 지금까지 수많은 태국 문방구를 돌아보며 그 지식이 저절로 쌓였는지 눈앞에 놓인 샤프펜슬의 연대기가 머릿속에서 화려하게 펼쳐졌다. 그 느낌이 마치 만화경을 요리조리 돌려보는 것처럼 신기하기도 해 아예 바닥에 철푸덕하고 앉았다. 그리고 맨 아래 놓인 제품들을 보기 위해 얼굴을 거의 지면에 딱 붙였다.

그 순간 낯익은 글자들이 눈에 들어왔다. '마이크로 스타일 0.5 MPS-527' '마이크로 달려라! 꼴찌 샤프 0.5mm 신흥정밀' '마이크로 하나로 0.5' '마이크로 메뚜기 0.5mm 신흥'. 한글 제품명이 적힌 오래된 샤프펜슬이 100개 넘게 무더기로 모여 있었다. 순간 반갑고 놀라운 마음에 그 자리에서 벌떡 일어났다.

1965년에 설립된 신흥정밀은 20세기 국산 필기구 회사의 중심이었던 마이크로코리아의 전신이었다. 회사명이 1986년에 변경되었으니 신흥정밀이라는 이름이 사용된 샤프펜슬이라면 적어도 1986년 이전에 생산된 제품이라 할 수 있다. 신흥정밀의 샤프펜슬을 비롯해 1980년대의 한국산 샤프펜슬은 한국에서조차 시중에서 발견하기 쉽지 않은데 지금 내 눈앞에 엄청난 수의

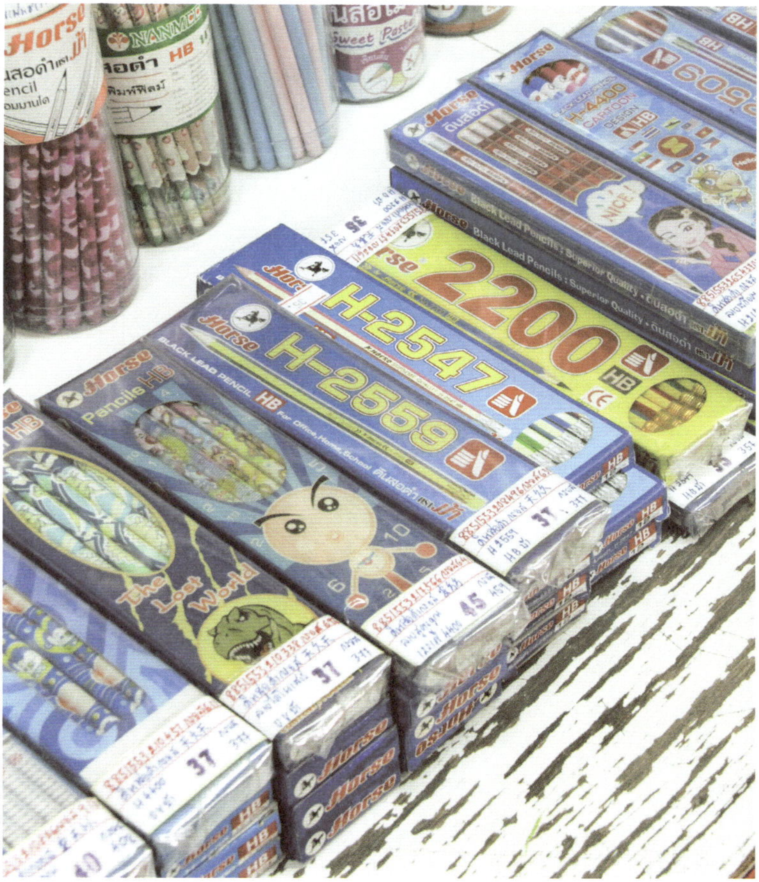
Horse
H-2547
Horse
H-2559
BLACK LEAD PENCIL HB For Office,Home,School
2200
HB
Black Lead Pencils : Superior Quality
Horse
Pencils HB
The Lost World
H-4400
CARTOON
DESIGN
NICE!
Sweet Pastel

Horse®

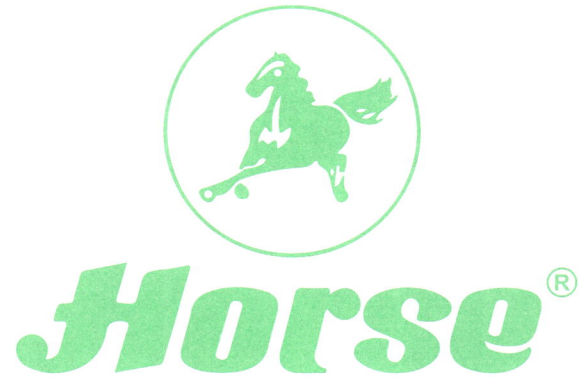

신흥정밀 샤프펜슬이 자리하고 있었다. 이 제품들이 어떻게 여기 있는 거지? 샤프펜슬들이 이야기해줄 리 없었다. 나는 궁금증으로 안절부절못하다가 문방구 직원을 붙잡고 다짜고짜 질문했다.

"어떻게 이 많은 샤프펜슬이 여기에 있나요? 언제부터 이 문방구에 있었나요? 한국과 태국이 함께 합작해 만든 제품인가요?" 속사포 랩을 하듯 질문을 쏟아냈다. 그러자 직원은 자신이 이곳에서 일을 시작한 10여 년 전부터 이 샤프펜슬들이 있었다면서 자세한 것은 주인에게 물어보아야 한다고 조심스레 이야기해주었다.

샤프펜슬에 대한 궁금증으로 다른 문구는 건성으로 본 채 집으로 돌아와 며칠을 끙끙 앓았다. 나는 궁금한 게 생기면 검색 사이트의 결과를 마지막 페이지까지 빠짐없이 살피며 반드시 해결해야 하는 성격이다. 그래서 이 샤프펜슬 뒤에 어떤 이야기가 숨어 있는지 너무 알고 싶었다.

그런데 이상했다. 궁금증이 큰 만큼 마음 한쪽에는 또 다른 생각이 피어났다. 사실 나는 매장에서 알려주어 문방구 주인의 연락처를 가지고 있었다. 그러니 직접 연락해 물어보면 쉽게 해결할 수 있는 일이었다. 하지만 내 안의 기대가 너무 크다 보니 이상하게도 그 답을 알고 싶지 않다는 마음도 있었다. 정답을 알고 나면 왠지 시시해질 것 같았기 때문이다. 그래서 문방구 주인의 모습과 그가 들려줄 대답을 인생 속 궁금함의 영역에 그대로 남겨두기로 했다. 혹시나 우연히 정답을 알게 되는 날이 오더라도 말이다.

누군가 나에게 태국에 있는 수많은 문방구 가운데 꼭 한 곳만 추천해달라고 한다면 나는 난미 짜른끄룽점을 추천하고 싶다. 나에게 난미 짜른끄룽점은 우주만큼 커다랗고, 달나라, 별나라 같이 닿을 수 없을 정도로 신비한 곳이니까.

긴 기다림 끝에 만난 가장 오래된 문방구
모하마드

โมฮำมัด

어느 날, 평소와 다름없이 인터넷을 이리저리 뒤적이고 있었다.
아직 내가 발견하지 못한 숨어 있는 오래된 문방구가 있는지
정보를 찾기 위해서였다. 그런데 갑자기 딩동 하고 도착한 메시지.
내 취향을 잘 아는 태국인 친구에게서 온 것이었다. 메시지에는
'태국의 문방구 가운데 꼭 가봐야 할 곳 중 하나'라는 내용과
함께 인터넷 링크가 첨부되어 있었다. 태국에서 꼭 가봐야 하는
문방구라니. 놀란 눈을 하고 링크를 누르자 한 문방구의 기사가
휴대전화를 가득 채웠다.

  기사에 실린 곳은 모하마드문방구라는 곳이었다. 천천히
내용을 훑어 내려갔다. 그런데 그 안에 담긴 사진만으로도 이곳은
문방구가 아니라 한 집안의 역사를 담아 놓은 박물관 같다는
생각이 들었다. 특히 주인아주머니가 매장 안에서 환하게 웃고
있는 사진이 인상 깊었다. 평소에 인터뷰 기사에 관심이 많아 자주
찾아보는데 그동안 보아온 수많은 인터뷰 사진 가운데 주인의
모습이 그 공간과 가장 잘 어우러져 있었다.

  기사 마지막에는 문방구의 위치와 전화번호가 나와 있었다.
나는 문방구 영업시간을 알아보려고 바로 전화번호를 눌렀다.
그리고 조금 뒤 휴대전화 저편에서 주인일 것 같은 분의 상냥한
목소리가 들려왔다. 인터뷰 기사에서 본 사진의 모습과 잘
어울리는 목소리였다. 하지만 안타깝게도 문방구는 현재 내부 수리
중이었고 한 달 뒤에 다시 연락을 달라는 이야기를 들었다. 마음은
이미 모하마드문방구에 있었지만, 어쩔 수 없는 일. 이렇게 멋진

곳이라면 그 정도 기다림은 기꺼이 감수할 수 있었다.

그리고 한 달이 흘렀다. 잊지 않으려고 달력에 모하마드문방구의 재오픈일을 표기해두었던 터였다. 문방구로 다시 연락하자 이번에도 처음과 같은 목소리의 아주머니가 전화를 받았다. 그 목소리가 어찌나 반갑던지. 먼저 영업을 시작했는지 물어보았다. 하지만 내부 공사가 지연되어 한 달 뒤에 다시 연락을 달라는 목소리가 들려왔다. 그 말에 조금 기운이 빠졌지만, 나는 당연히 기다릴 수 있었다. 그리고 두 달이 다 되어갈 무렵 다시 문방구로 전화를 걸었다. 여전히 차분하고 다정한 목소리로 전화를 받은 주인아주머니가 휴대전화 너머로 말했다. "아직 공사가 마무리되지 않았지만, 평일 오후에는 문방구 안을 구경할 수 있어요." 나는 그 길로 곧장 모하마드문방구로 향했다.

내가 방콕에서 가장 좋아하는 동네는 짜른끄룽이다. 태국의 오래된 상점들이 많이 모여 있어 알면 알수록 매력적이기 때문이다. 모하마드문방구도 짜른끄룽에 있었다. 그것만으로도 나만의 '페이보릿 리스트(favorite list)'에 오르게 될 거라는 예감이 들었다.

두 달을 기다린 끝에 드디어 모하마드문방구에 발을 들였다. 가장 먼저 눈에 들어온 것은 쇼윈도 진열장에 있던 오래된 로봇 미니어처였다. 한 손을 들고 있는 모습이 마치 어서 오라며 손짓하는 듯해 저절로 입꼬리가 올라갔다.

문구점 안은 그다지 크지 않았다. 하지만 그곳에 모여 있는 문구 제품의 가짓수는 엄청나게 다양했다. 진열장에는 오래된 도장, 잉크 등 종류를 전부 파악할 수 없을 정도의 문구로 가득했다. 탄성이 절로 나왔다. 어디에서부터 눈을 두어야 할지 도무지 가늠이 되질 않았다. 진열장 뒤쪽에는 인터뷰 기사에서 본 주인아주머니가 수줍은 소녀 같은 모습으로 문방구를 지키고 있었다. 문방구에 오기 전 기사를 수십 번이나 더 읽고 전화로 몇 번 소통하면서 목소리까지 익숙해 처음 만나는 사이인데도 정말 반가웠다.

먼저 영국과 독일에서 온 연필류가 내 관심을 끌었다. 1940년대 버전의 스테들러 마스나 스테들러 트래디션 1662 등 지금은 단종된 모델의 연필 제품이 많았고 연필 케이스도 깨끗하게 잘 보존되어 있었다. 연필들을 한참 들여다보고 있는데 주인아주머니가 진열장에서 다른 연필도 꺼내와 보여주었다. 연필이 어찌나 다양한지 연필 수집가들이 이곳에 오면 분명 환호를 지를 게 분명했다.

OME

STAEDTLER
Tradition
STAEDTLER
PHOT INK

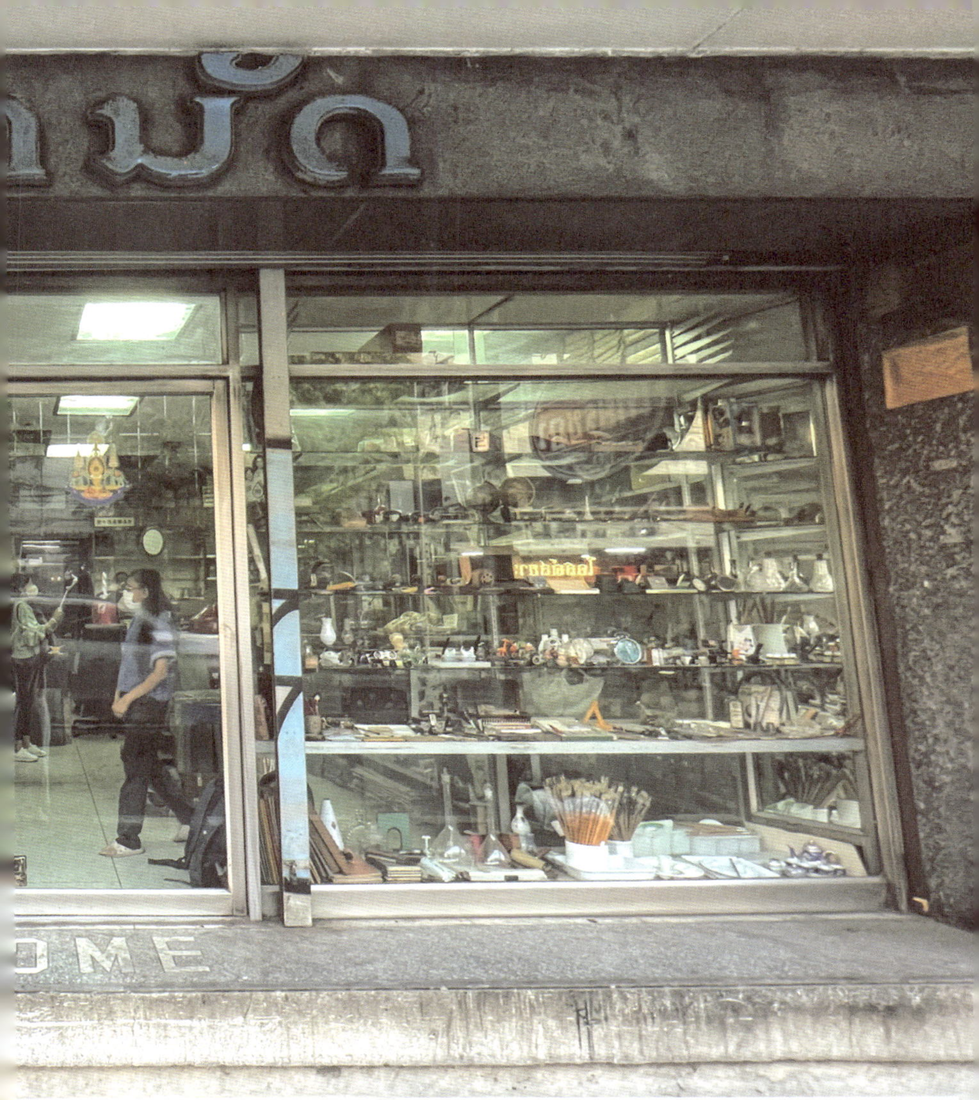

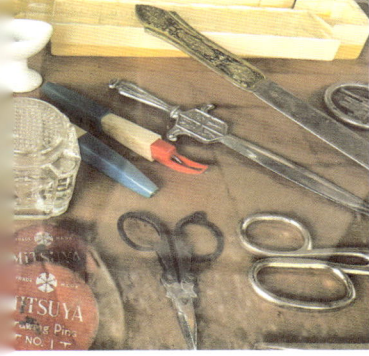

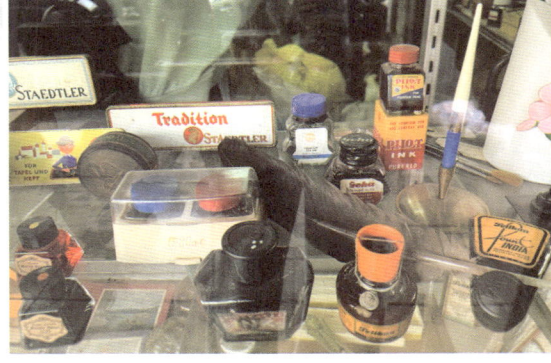

문방구에서는 오래된 만년필과 촉, 잉크와 병, 빈티지 종이 폴더 등 요즘은 구하기 힘든 문구류도 판매하고 있었다. 그리고 지금은 보기 어려운 태국식 전화번호부 책이나 오래된 태국 패션 잡지도 있었다. 이 정도 컬렉션이라면 최소 50년 이상은 수집해야 모을 수 있는 양이었다. 문방구 곳곳을 둘러보며 더욱 모하마드문방구의 숨겨진 이야기가 궁금해졌다.

공사가 한창이던 문방구 한 편에서 아주머니는 내내 분주해보였다. 그러다 잠시 아주머니가 한가해진 틈을 타 모하마드문방구가 얼마나 오래되었는지 물었다. 아주머니는 조금의 망설임도 없이 문을 연 지는 100년 정도 되었고 할아버지, 아버지의 뒤를 이어 자신이 3대째 이어오고 있다고 했다.

　　모하마드문방구는 지금보다 3배 정도 큰 인쇄소로 시작해 문방구 사업도 병행하던 곳이었다. 하지만 이후 인쇄소 사업을 중단하면서 현재는 문방구만 운영되고 있었다. 갑자기 시작된 코로나19 팬데믹에 내부 사정이 좋지 않지만, 이번 기회를 모하마드문방구의 재정비 시간으로 갖기로 하고 공사를 하고 있는 것이었다. 시끄러운 드릴 소리로 가득한 매장의 한쪽 벽면을 주인아주머니가 가리키면서 말했다. "저곳은 몇 달째 공사 중인데 조카를 위한 공간이에요." 아마도 다음 세대를 위한 준비인 듯했다. 공사가 끝나면 과연 어떤 모습으로 바뀌어 있을까?

　　주인아주머니는 이곳에 있는 제품들은 할아버지가 수집해

모하마드문방구 초창기 시절의 모습이 담긴 인쇄물.
지금과는 모습이 다르지만 옛날 모습을 떠올려볼 수 있는 좋은 자료다.

MOHA

대대손손 내려오고 있는 물건들로, 어떤 문구는 본인보다 나이가
더 많다고 했다. 그 이야기에 진열장을 찬찬히 살펴보니 문구들이
본래 자신의 색에서 한 톤 차분한 색으로 빛이 바래 있었다. 모두
시간을 담고 있는 제품들이었다. 문구들은 대부분 한두 개씩만
남아 있어 희소가치도 있을 듯했다.

　　주인아주머니와 이야기를 나누다가 유난히 오래된 종이
서류철이 눈에 들어왔다. 옛날 배경의 드라마에 나오는 사무실의
종이 서류철과 비슷해보였다. 아주머니에게 판매하는 제품이냐고
물어보니 그렇다면서 1980년대에 가장 잘 팔린 문구 제품이
서류를 담아 보관하는 종이 서류철이었다고 이야기해주었다.
당시는 모든 문서를 종이에 보관하던 때였기 때문에 이를
보관하는 서류철이 중요한 역할을 했다고. 모하마드문방구
곳곳에는 아직도 오래된 종이 서류철이나 당시 인쇄소에서
사용하던 지류가 그대로 보관되어 있었다.

　　문방구 한쪽에는 인쇄소와 문방구가 함께 운영되던 시절에
만든 것으로 보이는 커다랗고 빨간 철제 간판이 있었다. 이
간판이 인상적이었는데 모하마드문방구의 설립 취지, 판매 및
취급하고 있는 제품군, 가게 영업시간 등의 정보가 빼곡하게 적혀
있었다. 문방구 운영에 대한 일종의 안내문이라고 할까. 태국에서
그 가게만의 안내문을 본 것이 처음이어서 놀라웠다. 그리고
그 내용에서 가게를 운영하는 마음과 자세 등이 엿보여 역시
100년이라는 세월이 그냥 쌓인 게 아니라는 생각이 들었다.

모하마드문방구는 이 책에서 소개하는 문방구 가운데 가장 오래된 곳이다. 또한 현재 태국에 남아 있는 문방구 가운데 가장 긴 역사를 지녔다고 해도 좋을 것이다. 그만큼 주인아주머니와 이야기를 나누는 내내 그동안 수집해온 문구류의 다양함은 물론 대를 이어 꾸준히 이어가고 있다는 면에서 이곳은 내가 상상한 이상으로 대단한 곳이라는 생각이 들었다. 문방구에 오기까지 기다렸던 시간조차 소중하게 다가왔다. 모하마드문방구는 단순한 문방구가 아닌 살아 있는 문구 박물관이었다. 100년 이상의 소중한 문구 보물을 굳건하게 지켜나가고 있는 문구 박물관.

모하마드문방구의 빨간 철제 안내문.
안내문에는 가게 정보 등이 담겨 있으며
일부를 소개하면 다음과 같다.

  이곳 모하마드는 모든 문구류를
  취급하고 있고, 다음과 같은
  계약 관련 서류를 판매하고 있다.

  토지 계약에 관한 서류.
  집 매매 계약에 관한 서류.
  집 구매 계약서. 차용증.
  대리인 위임장. 영수증.
  계약서가 프린트된 공책 묶음.
  서류를 보관하는 파일류.
  서식류 일체 …

나에게 문방구에 대한 이야기를 들려주는 동안 주인아주머니의
눈은 반짝반짝 빛이 났고 입가에는 미소가 끊이질 않았다.
그리고 문구 제품을 하나라도 더 보여주려고 하는 모습에서
모하마드문방구를 얼마나 아끼고 사랑하는지 온전히 느낄 수
있었다. 주인아주머니가 문방구를 자랑스러워 하는 마음도
그대로 전해져 멋있었다. 아주머니의 아버지와 할아버지를
직접 만난 적은 없지만, 아마 그분들도 주인아주머니처럼
모하마드문방구에 큰 자부심이 있었을 것이다.

    모하마드문방구에서의 짧은 여행을 마치고 문을
나서려는데 주인아주머니가 잠깐 기다려보라고 했다.
그러더니 모하마드문방구의 기념품이라며 종이 한 장을 건넸다.
모하마드문방구가 인쇄소와 함께 운영되던 시절에 쓰던 문서
서식이었는데 빛바랜 종이를 비닐에 한 장 한 장 넣어 소중하게
보관하고 있던 것이었다. 귀한 물건을 이렇게 쉽게 받아도 될지
죄송한 마음마저 들었다. 예상치 못한 엄청난 선물에 기념으로
주인아주머니의 사인이라도 받고 싶어 펜 한 자루를 내밀었다.
주인아주머니는 활짝 웃으며 종이 위에 힘 있게 자신의 이름을
써 내려갔다. ปรียา โมราศิริ, Preeya Morasiri '프리야 모라시리'. 나는 이 이름을 절대 잊지 못할
것이다. 그리고 100년이라는 시간과 앞으로 더 오랜 시간을 품고
나아갈 모하마드문방구도.

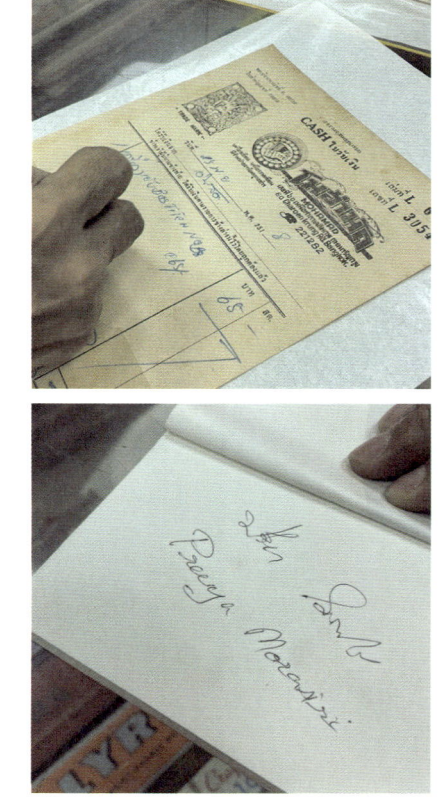

1. 태국의 문구 판매 매장에는 어떤 곳이 있나요?

태국에는 이 책에 나오는 오래된 문방구 외에도 다양한 문구 판매 회사가 있으며 서로 다른 특징을 지니고 있습니다.

첫 번째로 소개할 대표적인 문구 판매 매장은 'B2S'입니다. B2S는 방콕을 비롯한 주요 도시의 백화점이나 쇼핑몰 등 태국에 약 100여 개의 매장이 있어 어디에서나 쉽게 만날 수 있습니다. 태국의 최대 기업인 센트럴그룹(กลุ่มเซ็นทรัล, Central Group)에 속한 회사로 문구류 외에도 화방용품, 서적, 라이프스타일 제품을 판매합니다. 9년 전 방콕의 B2S 매장을 처음 방문했을 때 저는 교보문고 핫트랙스와 비슷한 느낌을 받았는데요. 그때에 비하면 지금은 문구 제품군과 가짓수가 굉장히 많이 늘어났고 매장도 곳곳에 생겨났어요.

2021년 초, 방콕의 B2S 센트럴칫롬점(เซ็นทรัลชิดลม, Central Chitlom)이 생긴 지 처음으로 재단장을 하고 문을 열었습니다. 콘셉트는 'THINK SPACE 공간을 생각하다'. 문구와 도서를 전체적으로 다시 구성하고 인테리어도 현대적으로 바꾸었습니다. 특히 눈에 띈 점은 한국 필기류 코너가 새롭게 기획되었다는 것인데요. 그동안 태국의 수입 필기류 코너에는 늘 일본 제품이 가득했습니다. 하지만 몇 년 전부터 한국의 대중 음악과 드라마, 화장품 등 다양한 한국 문화와 콘텐츠가 태국 젊은 층에 인기를 끌면서 자연스럽게 한국 문구에도 관심이 확장되었어요. 그래서 매장 한가운데에 모나미와 동아연필의

제품이 가득 진열된 모습을 발견했을 때, 드디어 한국 문구도 태국에 한 자리를 차지하게 된 듯해 뿌듯하고 흐뭇했습니다. 현재 센트럴칫롬점은 B2S의 대표 매장으로 자리매김했습니다.

　　두 번째로 소개할 곳은 '오피스메이트'입니다. 오피스메이트도 B2S와 마찬가지로 센트럴그룹에 속한 회사입니다. 문구류, 사무용품, IT 제품을 취급하며 방콕의 사무실 밀집 지역에서 주로 만날 수 있는 문구 판매점이지요. 다양한 사무용품을 판매하고 있어 태국 직장인들에게는 없어서는 안 되는 중요한 곳입니다. 태국 친구들 말에 따르면 회사에서 점심시간에 밥을 먹고 시간이 남거나 사무실로 바로 들어가기 싫을 때 오피스메이트를 한 바퀴 돌아보며 기분전환을 한다고 해요. 저도 한국에서 회사에 다닐 때 점심시간에 동료들과 오피스디포 같은 문구 매장에 자주 들르곤 했는데요. 문구 매장은 바쁜 일상에 잠시 숨을 돌릴 수 있는 위로의 공간이 되기도 하는 것 같습니다.

　　세 번째로 만족하는 마음이라는 의미의 '쏨짜이'라는 문구 매장을 소개할게요. 문구류와 미술용품을 주로 판매하는 쏨짜이는 방콕 및 주요 도시의 학교 주변에서 볼 수 있고 쇼핑몰에도 입점해 있어요. 쏨짜이에는 화방 관련 제품이 많아 마치 한국의 한가람문구를 방문하는 듯한 기분을 느낄 수 있답니다.

2. 태국의 문구 제조회사는 어떤 곳이 있나요?

태국의 문구 시장에는 태국 토종 기업과 글로벌 기업이 두루 공존합니다. 토종 기업 가운데 대표 기업은 70년 전통의 'D.H.A.쎄얌왈라'입니다. 태국 필기구 시장의 약 8퍼센트를 점유하고 있는 대형 기업으로, 태국인에게 친숙한 필기구 브랜드인 '마스터아트' '엘리펀트' '퀀텀' 등을 생산합니다. 태국의 학교, 회사, 병원 등에서 사용하는 필기구 대부분이 D.H.A 쎄얌왈라의 제품이라고 해도 될 정도예요.

두 번째로는 '난미그룹'이 있습니다. 1949년에 설립된 난미그룹은 처음에 문구가 아닌 출판사를 겸한 서점으로 출발했습니다. 난미그룹에 속한 대표 문구 브랜드로는 '호스' '난미' '맥스' '애로우' '실라빠껀' 등이 있습니다. 오른쪽 QR코드 영상은 난미그룹에서 제작한 제품 소개 영상인데요. 태국 특유의 유머가 담겨 있으니 한 번 살펴보세요.

마지막으로 'DTCI'인데요. DTCI는 1994년 설립된 기업으로, 필기구 브랜드 '랜써' '캔디' 등을 보유하고 있습니다.

이외에도 한국의 모나미와 동아연필, 일본의 펜텔, 독일의 스테들러 등 태국에 수입되어 유통과 판매를 하는 글로벌 기업의 문구 브랜드 제품도 많습니다. 하지만 태국은 수입 제품에 관세가 붙는 국가이기 때문에 수입 필기구 제품은 한국보다 약 10-15퍼센트 정도 비싸게 판매되고 있다는 점, 기억해두세요.

ภาคผนวก

Suphanburi	สุพรรณบุรี
Saraburi	สระบุรี
Nakhon Pathom	นครปฐม

두 번째 여행지

수판부리
사라부리
나콘빠톰

❖ 가족의 역사와 따뜻함이 담긴 왓타야판문방구
❖ 태국 문구의 기본 지식을 배울 수 있는 엑와닛삼축문방구
❖ 귀여운 할머니 자매와 고양이가 기다리는 나나판문방구
❖ 꿈과 희망이 가득한 문방구 복쓰쥬니어

❖ 부록_ 태국에만 있는 문구를 알아봅시다

가족의 역사와 따뜻함이 담긴
윗타야판문방구

วิทยาภัณฑ์

สุพรรณบุรี, Suphan Buri

태국 중부에 위치해 있는 수판부리는 예로부터 쌀농사로 유명한 지역이며, 그 이름은 산스크리트어로 '금의 도시'라는 뜻을 지니고 있다. 곧 추수를 앞둔 10월의 끝자락에 찾은 수판부리는 드넓게 펼쳐진 황금빛 물결이 쉴 새 없이 일렁이고 있었다. 그 모습을 보니 이곳의 이름이 왜 '금의 도시'인지 조금 알 것 같았다.

수판부리에 있다는 문방구는 2019년 태국에서 결혼식을 하던 날부터 가고 싶던 곳이었다. 결혼식으로 가족이 모두 모였을 때 남편의 친척이 수판부리에서 문방구를 운영한다는 이야기를 들었다. 그때 나는 결혼식은 뒷전이고 문방구가 너무 궁금했다. 어떤 모습의 문방구일까? 어떤 문구가 숨어 있을까?

    그로부터 2년이라는 시간이 흘렀다. 그리고 드디어 수판부리의 문방구를 방문하는 날이 다가왔다. 손꼽아 기다리던 날이었기에 가슴이 벅찼다. 수판부리에 도착해 문방구 탐방을 시작하기 전, 돈째디사원[1] 근처에서 길거리 음식인 카놈룩따오와 카놈싸리수판[2]을 먹고 사원에서 그리 멀지 않은 곳에 있는 목적지로 발걸음을 옮겼다.

    골목길을 10분 남짓 걸었을까. 드디어 문방구가 모습을 드러냈다. 문방구 이름은 '윗타야판'. 입구에서 가장 먼저 맞아준 것은 문방구 안의 오래된 자동차였다. 일본 자동차회사 도요타에서 1980년대에 나온 코롤라라는 모델이었는데

---

1   태국의 옛 왕조 아유타야 왕국(อาณาจักรอยุธยา, Ayutthaya)이 미얀마와의 전쟁에서 승리한 뒤 1593년 나레수언왕(สมเด็จพระนเรศวรมหาราช)이 지은 사원으로, 코끼리를 탄 왕의 동상이 인상적인 곳이다.

2   카놈룩따오는 수판부리 전통 과자로 주사위 모양처럼 생겼으며 맛은 밤 만주와 비슷하다. 까놈싸리수판은 수판부리 대표 간식으로 맛과 모양이 옥수수 술빵과 비슷하다.

자주색 클래식 자동차가 마치 건물 벽을 그대로 뚫고 들어간
것처럼 주차되어 있었다. 순간 이 문방구의 주인이 박력 넘치는
엄청난 카리스마의 소유자는 아닐까 상상했다.

   가게 입구에서 한참 자동차를 구경하고 있는데 안쪽에서 누가
들어오라고 손짓하는 모습이 보였다. 그 손짓에 이끌려 안으로
들어서면서 문방구를 찬찬히 둘러보았다. 이곳도 방콕 야오와랏의
쏨쌉문방구처럼 천장이 굉장히 높고 가게 안쪽이 가정집으로 되어
있었다. 영락없는 타이진 특유의 가옥 구조였다.

윗타야판문방구는 올해로 40년이 된 문방구다. 남편의
할아버지가 문방구 이름을 직접 짓고 운영해온 곳으로, 입구에
강렬한 모습으로 주차된 자주색 자동차가 바로 할아버지의
것이었다. 할아버지가 돌아가신 뒤로 문방구는 남편의 고모가
운영하고 있었다. 아까 안쪽에서 들어오라고 반갑게 손짓하던
분이 남편의 고모였다. 고모와 나는 이날 이 문방구에서 처음
만나는 것이었다.

   윗타야판이라는 이름은 교육과 관련된 다양한 제품이라는
뜻을 지니고 있다. 그에 걸맞게 문방구에서는 초등학교에서
고등학교까지의 학습 교재와 교구를 주로 판매하고 있었다.
그리고 한쪽에는 태국의 구기 종목 세팍타크로[3]에 사용하는
공들이 빛이 바랜 채 자리하고 있었다.

---

3   세 명으로 구성된 팀이 배드민턴 코트와 같은 규격의 코트에서 등나무 줄기로 엮은 타크로 공을 상대편 코트에 차 넣는 경기다. 1990년 제11회 베이징 아시안 게임에서 정식 종목으로 채택되었으며 전용 공을 사용해 발로만 볼을 차 네트 너머 상대편 구역으로 공을 넘기며 점수를 얻는 경기이다.

먼저 고모와 반갑게 인사하고 문방구를 둘러보며 이야기를
나누었다. 이곳 문방구에는 예전에 근처 학교의 학생은 물론
선생님이었던 할아버지의 제자도 많이 찾아왔다고 한다. 하지만
점점 수판부리의 젊은이들이 방콕으로 떠나 지금은 이전만큼
활기찬 분위기는 아니라며 고모는 씁쓸한 표정으로 지었다.

할아버지가 문방구를 운영하던 시절, 필기구는 펜과 연필만
취급했다고 한다. 샤프펜슬이 보급되어 있던 시절이었지만,
할아버지는 학생들이 연필로 필기하는 습관을 지녔으면 하는
마음에서 샤프펜슬은 판매하지 않았다고.

윗타야판문방구에 걸려 있는 가족사진. 가장 오른쪽이 할아버지다.

문방구를 둘러보니 붓을 보관해두는 나무 상자가 유난히
눈에 들어왔다. 그 안에 제품은 몇 개 담겨 있지 않았지만,
그 자체만으로도 참 아름다웠다. 나무 상자는 태국의 오래된
문방구에서 자주 마주하는 클래식한 매력을 지닌 제품이다.
만약 누가 태국 문방구를 대표하는 물건을 하나 고르라고 한다면
나는 한 치의 망설임도 없이 나무 상자 보관함을 선택할 것이다.

문방구 이곳저곳을 둘러보는데 고모님이 만년필 홀더 세 자루와
펜촉을 꺼내와 보여주었다. 펜촉을 직접 홀더에 끼워 사용하는
클래식한 플라스틱 홀더로, 그 형태가 멋스러웠다. 색은 바랬지만,
그 또한 마음에 들었다. 펜촉은 EF, F, B촉[4]이었고 마감이 섬세했다.
고모는 만년필 홀더와 펜촉들을 태국어가 가득한 종이에 하나하나
정성껏 포장하기 시작했다. 그 모습을 가까이에서 보고 있으니
어렸을 때 선물 가게에서 주인아주머니가 선물 포장을 해주던
기억이 떠올랐다.

    잠시 후 고모는 할아버지가 문방구를 운영할 때부터 갖고
있던 오래된 만년필로 판매용은 아닌 소장용이지만, 특별히 나에게
선물한다면서 포장을 마친 만년필 홀더와 펜촉을 건넸다. 그동안
많은 문구 선물을 받았지만, 이 선물은 어쩐지 내가 새로운 가족의
일원이 된 것을 축하한다는 의미처럼 느껴져 기쁘면서도 기분이
묘했다. 그리고 빨리 잉크에 푹 담가 사각사각 소리를 내며 글씨를
쓰고 싶어졌다.

---

[4] EF, F, B는 펜촉의 굵기를 말한다.
펜촉은 일반적으로 EF, F, M, B 등
네 가지 굵기가 있으며 EF가 가장 가는
0.3mm이고 뒤로 갈수록 0.1mm씩
굵어져 B는 0.6mm다.

윗타야판문방구에 푹 빠져 가족의 역사가 담긴 공간에서
시간여행을 하는 동안 어느새 바깥은 어둑어둑해져 있었다.
집으로 갈 채비를 하며 문방구를 다시 둘러보았다. 처음 온
곳이었지만 가족을 맞이하는 따뜻한 온기가 느껴졌다.
이날 수판부리 윗타야판문방구와의 만남은 태국이라는 낯선
나라에서의 외로운 생활에 여러 의미로 큰 위로가 되었고,
아직도 따뜻한 기억으로 남아 있다.

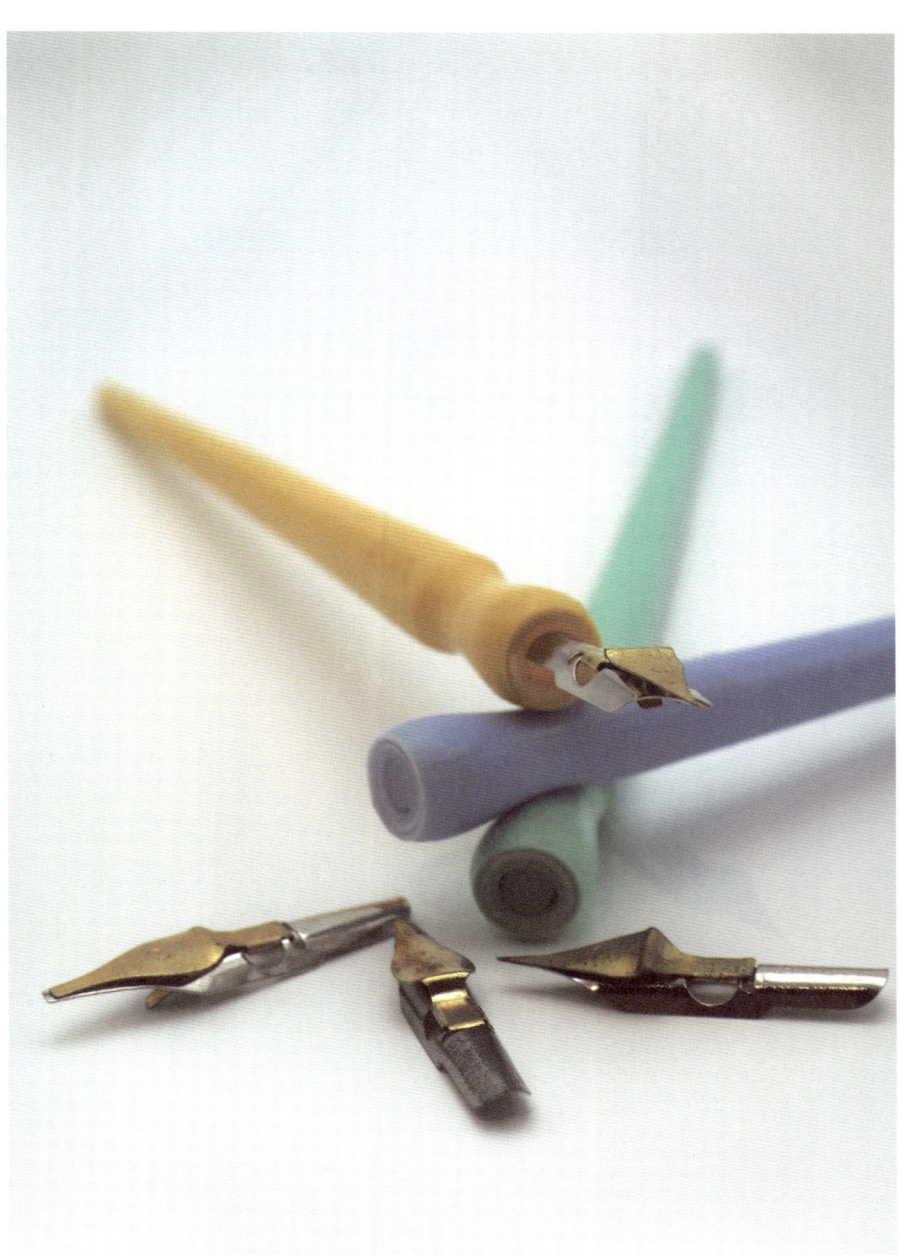

태국 문구의 기본 지식을 배울 수 있는
엑와닛삼축문방구

เอกวณิชสามชุก

방콕에는 지역마다 특색 있는 재래시장이 많다. 북부의
'짜뚜짝주말시장'과 중부의 '빠뚜남시장'은 이미 관광객에게도
잘 알려져 있을 정도로 유명하다. 하지만 수판부리에 있는
'삼축시장'은 상대적으로 덜 알려진 곳이다. 삼축시장은 100년
전통의 오래된 재래시장으로 옛 건물이 현재까지 잘 보존되어
있다. 식재료, 음식, 골동품, 의복 등 다양한 제품을 만날 수 있으며
방콕의 재래시장에 비해 가격이 매우 저렴하다.

지난번 윗타야판문방구에 갔을 때 문방구 한 곳을 추천받았다.
삼축시장에서 5분 거리에 있는 오래된 문방구 '엑와닛삼축'이었다.
삼축지역에서 제일가는 판매자라는 이름을 지닌
엑와닛삼축문방구는 도매와 소매를 겸하는 곳으로 규모가 컸다.
그래서일까? 문방구에 도착하자마자 눈에 들어온 단단하고
굵은 서체로 쓰인 가게 이름에서 자신감이 느껴졌다.
  태국의 문방구는 물론 전 세계의 문방구를 다니다 알게 된
것이 있다. 바로 필기구 코너가 문방구의 중심에 위치해 있다는
사실이다. 다소곳하게 정돈된 색색의 연필과 펜 들이 마치
아름다운 작품처럼 문방구의 세계로 사람들을 끌어들인다. 그리고
어느새 자연스럽게 필기류 코너로 발길을 옮겨 펜 한 자루를 집어
들고 빈 종이에 무언가를 끄적거리게 된다.
  엑와닛삼축문방구도 마찬가지였다. 문방구에 들어서자마자
연필과 펜 코너가 제일 먼저 눈에 들어왔다. 태국의 대표적 클래식

연필에서 샤프펜슬까지 그 종류가 다양했다. 볼펜도 다른 태국 문방구에 비해 그 수가 굉장히 많았다.

    무의식적으로 볼펜을 한두 자루 들어 종이 위에 끄적였다. 그런데 빨간색 볼펜인 줄 알고 잡은 볼펜에서 파란색 잉크가 나왔다. 초록색 볼펜도 마찬가지였다. 태국 문방구에서 종종 겪는 일이다. 지금이야 그냥 웃어넘기지만, 사실 처음에는 굉장히 당황했다.

태국에 처음 여행을 왔을 때 치앙마이의 작은 동네 문방구에서 기념품으로 태국 문구회사의 볼펜 몇 자루를 구입했다. 당연히 검은색 펜이겠지 하고 아무 의심 없이 샀는데 나중에 써보니 모두 파란색이었다. 너무 놀라 다음 날 바로 그 문방구에 찾아가 주인아주머니에게 "왜 몸체는 검은색인데 파란색 잉크가 들어 있어요?"라고 물었다. 갑자기 눈을 동그랗게 뜨고 추궁하듯 질문하는 나를 보고 당황해하던 아주머니의 표정이 아직도 기억이 난다.

    '왜 태국산 볼펜은 파란색이 기본일까?' 당시 문방구 주인아주머니도 속 시원히 이유를 설명해주지 않았기 때문에 의문은 좀처럼 풀리지 않았다. 그래서 태국에서 살게 되면서 친구들을 만날 때마다 붙잡고 이유를 물어보았다. 그런데 친구들은 어렸을 때부터 파란색 볼펜을 쓰는 일이 당연했기 때문에 오히려 내 질문이 엉뚱하다며 신기해했다.

태국에서 사용하는 볼펜의 색상은 대부분 파란색이다. 공공기관에서 공문서를 작성할 때도 공문서의 종이에 인쇄된 검은색 글자와 구별하기 위해 파란색 볼펜을 사용한다. 그렇더라도 볼펜의 기본색이 다른 나라처럼 '검은색'이지 않은 정확한 이유라고는 볼 수 없었다. 한 친구는 "태국에서 검은색은 '나쁜 운(Bad Luck)'을 의미하는 색상이기 때문에 피하는 것 아닐까?"라고 이야기하기도 했는데 사실 여부를 확인할 수는 없었다. 그저 미신을 믿는 것이 보편화된 태국 문화에서 비롯되지 않았을까 추측만 할 뿐이다.

엑와닛삼축문방구에서 한참 볼펜을 만지작거리고 있는데 한쪽에서 식사를 하던 주인아주머니가 무엇을 찾느냐고 물었다. 그래서 조심스레 태국 연필과 볼펜 제품에 대해 알려줄 수 있는지 부탁했다. 아주머니는 식사까지 잠시 멈추고 미소를 지으며 다가오더니 다양한 연필 제품이 있다면서 연필 매대에 놓인 연필 상자를 하나둘 열기 시작했다. 그리고 병아리같이 귀여운 노란색 상자의 호스 브랜드 연필을 비롯해 마스터아트나 엘리펀트 브랜드 제품까지 여러 제품을 보여주었다. 노란색 상자의 호스 연필은 호스 2200 모델로 수많은 태국 연필 가운데 클래식의 정수(精髓)로 알려져 있다. 실제로 친구들에게 태국 연필을 알려달라고 하면 모두 입을 모아 이 제품을 꼽았다. 노란색 본체에 빨간색, 파란색, 초록색이 어우러져 만들어내는 경쾌함은 다른 연필에서는 찾아보기 어렵다. 마치 몇백 년에 한 번 나올까 말까 하는 예술 작품처럼 느껴질 정도다.

연필 코너 한쪽은 2B 연필로 가득 차 있었는데 주인아주머니 말에 따르면 태국의 초중고등학교 학생들은 학교에서 시험을 볼 때 2B 연필로 OMR 답안지를 작성하는데 요즘에는 스테들러 제품을 많이 사용한다고 한다. 그런 시대 흐름에 맞게 스테들러 제품만 모아 놓은 커다란 연필 진열장이 한 켠에 의기양양한 자태를 뽐내고 있었다.

태국 학생들이 선호하는 샤프펜슬로는 퀀텀 브랜드 제품이 많다는 것도 주인아주머니를 통해 알게 되었다. 태국 문방구에서 퀀텀의 샤프펜슬을 한두 번 구입해 사용한 적이 있는데 가격 대비 품질면에서 이 브랜드를 따라올 제품이 없겠다 생각이 들었다. 아주머니는 이 브랜드에서 나오는 볼펜도 태국 사람이 많이 사용하는 볼펜이라고 귀띔해주었다. 그러고 보니 태국 식당에서 음식을 주문할 때는 물론 관공서, 병원 등에서 퀀텀 볼펜을 사용하는 모습을 자주 볼 수 있었다. 이 정도면 '국민 볼펜'이라고 불러도 되지 않을까?

초등학교 선생님처럼 차근차근 조곤조곤 설명해주는
주인아주머니 덕분에 태국 문방구의 기본 지식을 제대로 배운
듯한 기분이 들었다. 그리고 어느새 내 양손에는 스무 자루가
넘는 연필과 펜이 들려 있었다.

엑와닛삼축문방구에 들어섰을 때, 가장 먼저 나를 반긴 것은
오래된 문방구 특유의 쿰쿰한 냄새였다. 오래된 종이, 천, 고무,
금속 등 다양한 사물이 한 공간에서 세월을 머금고 뿜어 내는
세월의 향기. 나는 그 '나이테' 같은 냄새를 좋아한다. 연륜의
아름다움이 느껴지기 때문이다. 그리고 그 향기가 어릴 적
시골 할머니 집에 갔을 때 옷장에서 나던 특유의 냄새로 이어져
추억의 저편에 잠시 닿을 수도 있도록 도와준다. 내가 오래된
문방구를 유독 좋아하는 이유는 어쩌면 후각이 만들어내는
이런 추억 때문일지도 모른다. 엑와닛삼축문방구에서 맡았던
오래된 세월의 향기가 지금도 내 코끝에서 맴돌고 있는 것 같다.

ลวดเสียบกระดาษ
Gem Paper Clip

귀여운 할머니 자매와 고양이가 기다리는
나나판문방구

นานาภัณฑ์

태국 방콕에서 북쪽으로 약 110킬로미터 지점에 위치한
สระบุรี, Saraburi
사라부리는 습지를 둘러싸고 형성된 도시다. 예전에 태국
นครราชสีมา, Nakhon Ratchasima
동북부의 소도시 나콘라차시마에 갈 때 고속도로에서
지나치면서 언젠가 꼭 가보고 싶다고 생각한 곳이었다.
내가 좋아하는 '카레 파이'로 유명한 곳이기 때문이다.

방콕에서 이른 아침에 출발해 약 2시간을 쉬지 않고 달려
사라부리 시내에 도착했다. 차에서 내리자마자 카레 파이부터
กะหรี่ปั๊บ, Curry Puff
찾았다. 태국어로 '까리펍'이라고 부르는 이 파이는 인도네시아,
말레이시아 근처 나라에서 들어왔다고 한다. 두꺼운 밀가루
반죽 안에 여러 가지 소를 넣고 만두처럼 빚어 기름에 튀겨
만드는 파이인데 맛이 다양하다. 사라부리의 지인이 추천해준
까리펍 가게에서 카레 맛과 치킨 맛을 골랐다. 점심시간을
앞두고 배가 너무 고팠던 터라 갓 튀겨낸 까리펍 하나를 손에
들자마자 바로 한입 베어 물었는데 무슨 맛인지 느끼기도 전에
너무 뜨거워 입안을 홀랑 데었다. 그렇게 까리펍과의 첫 만남은
태국의 한낮 태양처럼 강렬했다.

　　까리펍의 열기를 식히기 위해 태국식 오렌지 착즙 주스인
น้ำส้ม
남쏨을 시원하게 한 잔 마시며 사라부리의 한 문방구로 향했다.
그곳도 까리펍 가게를 알려준 지인이 소개해준 곳이었다.
วิทยาลัยเทคนิคสระบุรี, Saraburi Technical College
문방구는 사라부리기술전문대학교 맞은편에 있었다. 여러 나라와
도시의 문방구를 찾아 다녀본 경험상 학교 근처의 문방구는

다른 곳보다 다양한 문구를 갖추고 있을 확률이 높다. 특히
그곳이 오래된 문방구라면 세월의 흔적이 담긴 희귀한 문구
제품을 발견할 가능성이 크다. 어쩐지 예감이 좋았다.

사라부리에 있다는 문방구 이름은 나나판이었다. 이름에 쓰인
'นานา' 나나'는 다양하다는 뜻의 태국어로, 가게 이름에서부터 이미 많은
상품을 판매한다고 강조하고 있어 더 기대가 되었다. 입구에서
실눈을 뜨고 문방구 안을 멀찍이 내다보니 규모가 상당히 크고
천장도 높았다. 안으로 한 걸음씩 발걸음을 옮길수록 이곳도
다른 문방구와는 또 다른 차원으로 시간이 차곡차곡 쌓여 있다는
느낌이 들었다. 기대감이 커졌다.

 문방구에 존재하는 모든 문구가 수평 공간을 차지하다
못해 수직으로까지 뻗어 올라가 있었다. 마치 담쟁이덩굴이
벽을 타고 올라가는 것처럼. 어지럽게 쌓인 물건들의 수다 소리가
와글와글 들려오는 듯했다. 넋을 잃고 문구들을 바라보는데
보드라운 무언가가 종아리를 스쳤다. 내려다보니 귀여운
삼색 고양이 한 마리가 몸을 부비고 있었다. 태국에는 어디를
가나 고양이가 많다. 상점 안에서도 고양이를 쉽게 볼 수 있는데
그 누구 하나 쫓아내거나 해하는 모습을 본 적이 단 한 번도 없다.
사교성이 좋은 삼색 고양이의 마중을 받으며 나나판문방구
탐험이 시작되었다.

 가장 먼저 눈에 들어온 문구는 문구회사 호스의 도장

패드였다. 오래된 제품에서 신제품까지, 지금까지 나온 모든 도장 패드의 디자인 변천사를 보여주듯이 진열되어 있었다. 마치 호스의 박물관에 온 것 같았다. 수많은 도장 패드를 살펴보는데 유독 오래된 제품에 자꾸만 눈길이 갔다. 세월의 흔적이 묻은 문구였기 때문이다. 이런 문구를 발견하면 늘 짜릿하다. 세상에 많은 물건이 있지만 특히 문구는 시간을 머금고 있을 때 그 가치가 더 올라간다고 느낀다. 옛날 디자인의 호스 도장 패드 두 개를 골라 소중히 품에 안았다.

    맞은편 매대에는 오래된 전화번호부 수첩이 빼곡히 꽂혀 있었다. 그 수첩들을 보니 문득 초등학생 시절이 생각났다. 그때는 새로운 친구를 사귀면 그 아이의 이름, 주소, 전화번호, 생일을 수첩에 적어 책가방 앞주머니에 늘 넣어 다녔다. 새 친구를 맞이하는 나만의 귀여운 의식이었다. 추억에 잠겨 한참 동안 전화번호부 수첩 앞에 머물다가 우연히 옆에 있는 상자에 눈이 갔다. 상자에는 수많은 샤프심 케이스가 담겨 있었고 그 위에 먼지가 소복이 내려앉아 있었다. 주변을 보니 연필, 펜, 지우개 등 다른 문구에도 뽀얀 막이 한 겹씩 쌓여 있었다. 마치 그 먼지들이 이 문방구의 세월을 조용히 말해주는 듯했다.

    문득 나나판문방구가 언제 처음 생겼는지 궁금해졌다. 가게에는 주인으로 보이는 할머니가 두 분 계셨는데 마침 한 분이 옆에서 책을 읽고 계셨다. 할머니께 이 문방구가 언제 생겼는지 묻자 할머니는 30년밖에 되지 않았다면서 이렇게 덧붙였다.

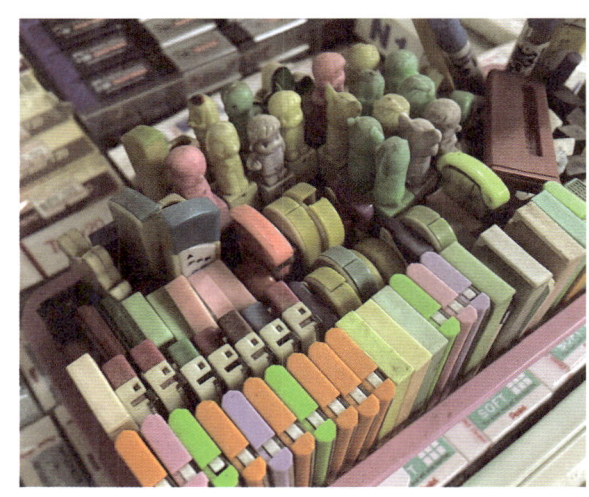

"이 문방구는 우리 세 자매가 함께 운영하는데 고양이도 세 마리 있어요. 우리 자매가 성격이 다 다르듯이 삼색 고양이들 성격도 다 달라요."

그러고 보니 그랬다. 나나판문방구 탐험을 시작할 때 나를 맞아주었던 고양이는 문방구를 돌아보는 내내 내 뒤를 쫓아다니며 이것저것 간섭했지만, 다른 한 마리는 만지려고 다가서면 혼비백산하며 도망쳤다. 그리고 또 다른 한 마리는 세상일에는 도무지 관심이 없다는 듯 달관한 자세로 상자 위에 앉아 꿈쩍도 하지 않았다.

나나판문방구 곳곳을 구경하다 보니 어느새 2시간이 흘러
있었다. 보물찾기하듯이 찾아낸 문구들을 조심스럽게 하나하나
계산대 위에 올려놓았다. 그중에는 태국어 레터링 스티커가 몇
장 포함되어 있었다. 그런데 계산하던 할머니가 갑자기 곤란한
표정을 지으며 말했다. "이 태국어 레터링 스티커는 다섯 장이
한 세트인데, 여기에 '꺼까이'[1]로 시작하는 페이지가 없네요."
나는 처음에 할머니가 너무 심각한 표정을 지어 무슨 큰일이라도
난 걸까 걱정했는데 기우였다. 하지만 문방구를 운영하는
할머니의 입장에서는 엄청난 일일지도 몰랐다. 할머니는 미간에
주름을 지은 상태로 계산대 주변에 있던 직원에게 "빨리 가서
'꺼까이'가 있는 스티커를 찾아와."라고 이야기했다. 그 말이
떨어지기 무섭게 앳되어 보이는 직원이 곧장 레터링 스티커
코너로 달려갔다. 직원은 5분 동안 스티커를 찾았지만, 나오지
않아 다른 직원 한 명까지 꺼까이 스티커 찾기 미션에 합세했다.
10분이 흘러도 소식이 없자 계산대에 함께 있던 할머니의 동생도
스티커를 찾는 대열에 합류했다. 나는 찾지 않아도 된다며
태국어로 연거푸 말했지만 계산대에 있는 할머니의 눈빛은
무슨 일이 있어도 꼭 꺼까이 스티커를 찾고 말겠다는 결연한
의지로 가득 차 있었다. 나는 그런 주인 할머니의 프로다운 모습에
감격해 스티커를 찾을 때까지 조용히 기다렸다.

1 태국어 자음 마흔네 개 중 첫 번째로 시작하는 자음이다.

2 태국 문화의 하나로 어떠한 상황이나 사람을 불편해하는 마음을 의미한다. 태국인이 어떤 상대에게 '끄렝짜이' 즉 불편한 마음을 느낀다는 것은 그 사람을 인격적으로 존중하거나 배려할 때 나타난다. 예절에서 우러나와 겸손하게 사양하는 마음인 사양지심(辭讓之心)과 일맥상통하는 문화라고 여길 수 있다.

다시 15분 정도가 지났을까? 드디어 '하레우'라는 승전보가 저편에서 울려 퍼졌다. 찾았다는 의미였다. 할머니 동생이 환하게 웃는 모습으로 꺼까이 스티커를 깃발처럼 흔들며 깡충깡충 신나게 뛰어왔다.

　　드디어 우여곡절 끝에 계산 마지막 단계에 이르렀다. 이것저것 많이 담았는데 200밧도 되지 않았다. 우리 돈으로 하면 약 6,900원 정도. 마음이 '끄랭짜이²'했다. 물건값을 치르자마자 할머니는 곧바로 거래 장부에 판매한 물건의 가격을 수기로 적었다. 아직도 판매 내역을 손으로 작성하는 곳이 있다니. 다른 문방구에서는, 아니 요즘 세상에서는 흔히 볼 수 없는 모습에 신기하기까지 했다.

문방구가 생긴 이후 한 번도 정리를 한 적이 없는 것 같은 모습의 나나판문방구. 하지만 그 혼돈 속에서도 질서와 규칙이 있어 보였다. 분명 켜켜이 쌓인 세월과 함께 할머니 자매만의 문방구 노하우가 하루하루 더해져 몸에 익은 규칙일 것이다.

내가 문방구에서 나오자마자 셔터가 지면에 닿는 소리가 들렸다. 폐점할 시간이 지났는데도 아무도 얼굴을 찌푸리지 않고 친절하게 대해준 문방구 사람들의 모습에서 일을 대하는 그들의 자세를 느낄 수 있었다. 작은 것 하나에도 진심을 다하는 문방구 사람들의 모습이 지금도 잊혀지지 않는다.

꿈과 희망이 가득한 문방구
북쓰쥬니어

บุ๊คส์ จูเนียร์

어느 한가한 토요일이었다. 집에만 있다가 기분 전환을 위해
남편과 함께 방콕에서 1시간 거리에 있는 '나콘빠톰'으로 향했다. นครปฐม, Nakhon Pathom
나콘빠톰은 태국 중앙부에 있는 지역으로 농업 지대가 가장
활발하게 형성된 곳이다. 푸릇푸릇한 나무들 사이에 크고 작은
카페와 레스토랑이 많아 종종 가곤 했다. 그런데 어찌 된 일인지
나콘빠톰에서 문방구를 찾아간 적이 없다는 것을 깨닫고 이번에는
문방구를 찾는 여행을 해보기로 했다.

나콘빠톰으로 향하는 차에서 판팁으로 추천 문방구 정보를
검색했다. 가보고 싶은 문방구 후보가 두세 곳으로 좁혀질 즈음
나콘빠톰 시내에 도착했다. 차에서 내려 기지개를 켜고 근처
과일 주스 노점상에서 수박과 얼음을 함께 갈아 만든 땡모반 แตงโมปั่น
주스를 마셨다. 1년 내내 언제 어디에서나 땡모반을 마실 수 있는
건 축복이다.
    남편과 주변을 조금 둘러보면서 문방구까지 걷기로 했다.
그리고 한 5분쯤 지났을까? 갑자기 눈에 익은 가게 한 곳이
나타났다. 태국식 영어 발음으로 '북쓰쥬니어'라는 곳이었다. บุ๊คส์จูเนียร์, Books Junior
아까 나콘빠톰의 문방구를 검색하면서 최종 후보로 꼽아둔
곳 가운데 하나였다. 이렇게 만난 것도 인연이겠다 싶어 바로
문방구로 향했다.

태국에서는 영어로 된 가게 이름이 그리 흔하지 않다. 그래서인지 상호에서 공부를 꽤나 잘할 것 같은 태국 모범생의 전형적인 모습이 떠올랐다. 북쓰쥬니어는 처음에 문방구인 줄로만 알았는데 안으로 들어가 훑어보니 뒤편에 큰 서점이 있었다. 문방구와 서점이 함께 있어 학생들에게는 이상적인 공간이었다.

  토요일인데도 북쓰쥬니어에는 교복을 입은 학생이 많았다. 머리에 감색 리본을 달고 있는 여학생들이 귀엽고 발랄해보였다. 태국 초중고등학교에는 두발 규정이 있어 여학생은 단발로 머리를 자르거나 어깨 아래로 내려오는 긴 머리라면 묶은 다음 검은색이나 감색 리본을 달아야 한다.

  문구 코너에서 중학생 정도 되어 보이는 학생들 두세 무리가 문구를 고르는 모습을 조용히 관찰했다. 아이들 얼굴은 하나같이 모두 밝고 맑았다. 이것을 고를까 저것을 고를까 하며 필기구를 들었다 놨다 하는 모습에 나까지도 덩달아 마음이 즐거워졌다.

나는 학교에서 언제나 필기구를 가장 많이 가지고 다니는 아이로 통했다. 매일 커다란 필통을 이고 지고 학교에 다니느라 가방이 늘 무거웠다. 수업 시간에 쓰는 펜은 고작 대여섯 자루. 하지만 온갖 필기구와 함께 가위, 풀, 스카치테이프 등을 다 가지고 다녀야 안심했다. 분신 같은 문구 친구들이 마음을 든든하게 해주었기 때문이었다.

친구들에게 펜, 샤프펜슬, 지우개를 빌려주는 일도 하나의 즐거움이었는데 또 그게 마냥 좋지만은 않았다. 어느 날, 옆 짝꿍이 샤프펜슬을 빌려 갔는데 그 친구가 샤프펜슬 뒤쪽에 달린 지우개로 공책에 쓴 필기를 벅벅 지우는 일이 발생했다. 바로 옆에 톰보[1]의 연분홍 지우개가 뽀얀 미모를 자랑하고 있었는데도 말이다. 작고 소중한 샤프펜슬의 지우개가 닳는 게 싫어서 사용하지 않고 있었는데 정말 큰 충격이었다. 그 사건 이후로 누가 샤프펜슬을 빌려달라고 하면 뒤에 있는 지우개는 절대 쓰지 말아 달라고 지금도 꼭 부탁한다.

1 일본의 문구제조회사 톰보연필(株式会社トンボ鉛筆)을 말하며 모노(MONO) 브랜드가 잘 알려져 있다. 톰보는 일본어로 잠자리를 뜻한다.

문구를 고르는 학생들의 모습을 보며 잠시 어린 시절을
떠올리다가 서점 코너로 자리를 옮겼다. 역시 그곳에도 학생들이
삼삼오오 모여 책을 고르고 있었다. 교과서 코너에는 표지에
학년이 숫자로 표기된 중학교, 고등학교 교과서 들과 함께
과목별로 세분화된 문제집이 꽂혀 있었다. 그리고 그 맞은편에는
각종 노트가 자리하고 있었다. 태국어 글자를 연습할 때 쓰는
유선 노트에서 시작해 일본어, 중국어도 쓸 수 있는 노트까지
정말 다양했다. 태국어 글자 쓰기 노트는 태국어학원에서
처음 태국어 쓰기 수업을 받을 때 굉장히 유용하게 사용했던
기억이 있었다.

북쓰쥬니어에서 발견한 태국의
중고등학교 교과서와 문제집

북쓰쥬니어에 꽤 오랜 시간 머문 듯했다. 환할 때 들어갔는데 거리는 어느새 어둑어둑해져 있었고, 문방구 안에서 왁자지껄하게 떠들던 학생들도 어느새 사라지고 없었다.

 이곳에서 시간을 보내며 지나간 학창 시절을 다시 떠올릴 수 있어 내심 기뻤다. 시간의 흐름에 따라 물리적인 나이의 숫자는 바뀌었지만, 문방구와 문구를 좋아하는 열정은 아직도 그때와 달라지지 않았다고 확인할 수 있었기 때문이다.

나는 어렸을 때나 지금이나 변함없이 문구 덕후로 살고 있다. 이런 삶은 작은 행복을 곳곳에서 만날 수 있다는 장점이 있다. 연필 한 자루만으로도 세상을 다 얻은 듯한 기분을 느낄 수 있기 때문이다. 이 마음을 꾸준히 간직해 앞으로 10년, 20년, 30년 그리고 귀여운 할머니가 될 때까지 문방구와 문구를 사랑하며 문구 덕후로 잔잔하게 나이를 먹어갔으면 좋겠다.

부록

태국에만 있는 문구를 알아봅시다

1. 컴포지션 노트
composition note

미국의 컴포지션 노트는 사용해본 분들이 많을 텐데요. 몇 년 전부터는 컴포지션 노트의 패턴을 활용한 아이패드 케이스도 판매되고 있어 더 친숙해진 것 같아요.

그런데 태국에도 컴포지션 노트가 있다는 사실을 아시나요? 태국의 문방구에서 쉽게 볼 수 있는 하드커버 노트로, 기본 유선 내지에 다양한 판형이 있고 표지는 태국 특유의 쨍한 색깔과 그래픽으로 디자인되어 있어요. 저는 태국 컴포지션 노트를 태국어 단어장으로 요긴하게 사용하고 있는데요. 태국의 컴포지션 노트는 목적에 맞게 부담 없이 휘뚜루마뚜루 사용할 수 있으니 태국을 여행하다 발견하면 기념으로 구매해 사용해보세요.

표지에 패턴이 들어간 안쪽의 노트가 태국 컴포지션 노트. 앞쪽의 핑크색 노트는 일반 노트로 쭐라롱껀대학교의 상징 프라끼여우(พระเกี้ยว, Phra Kieo)가 그래픽으로 들어가 있다.

2. 싸왓디카 스티커와 태국어 레터링 스티커

태국 사람들은 무엇이든지 스티커로 장식하기를 좋아해요. 그래서 스티커로 재미있게 꾸민 자동차, 오토바이, 가게 유리창 등을 길거리에서 쉽게 발견할 수 있어요. 그래서인지 재미있는 스티커도 참 많습니다.

먼저 소개할 스티커는 '싸왓디카 스티커'입니다. 태국 북부의 빠이로 여행을 갔을 때 발견하자마자 구입한 스티커인데요. 태국 어린이가 두 손을 공손하게 모으고 인사하는 모습을 형상화한 스티커입니다. 그 모습이 얼마나 귀엽고 태국스러운지! 방콕으로 돌아오자마자 작업실 한쪽 벽면에 붙여 두고 지금도 매일 얼굴을 마주하고 있습니다.

다음으로 소개할 스티커는 '태국어 레터링 스티커'입니다. 저는 다른 나라를 여행할 때 그 나라의 언어로 만든 레터링 스티커를 꼭 사곤 합니다. 오직 그 나라에서만 살 수 있는 특별한 스티커라고 생각하거든요. 만약 태국 문방구를 방문하신다면 태국어 레터링 스티커를 구입해보세요. 이때 한 가지 주의점이 있습니다. 태국어는 마흔네 개의 자음과 스물두 개의 모음으로 이루어져 있기 때문에 스티커가 두 장에서 많게는 세 장으로 나뉘어 있어요. 태국어 레터링 스티커를 구입한다면 자음과 모음이 한 세트로 있는지 꼭 확인하도록 하세요.

부록

태국에서 생활하다 보면 가끔 길거리에서 태국어로
'롯레카이 스티커'라고 불리는 이동식 스티커 판매점을 발견할 때가
있어요. 이동식 스티커 판매점은 외부에 다양한 스티커를 잔뜩
진열해놓고 파는데 보기만 해도 재미있답니다. 여러분도 태국에서 스티커
트럭을 발견한다면 그냥 지나치지 말고 마음에 드는 스티커를 사서
나만의 장식을 해보는 건 어떠세요?

"성가시게 하지마."

"빠르고 강력하다."

3. 달력

시대가 점점 변하고 진화하고 있지만, 우리 일상에서 여전히 자리 잡고 있는 문화 가운데 하나는 신년에 달력을 챙기는 일이겠지요. 이는 태국도 마찬가지인데요. 태국의 타이진 사이에서는 새해에 달력을 주고받는 문화도 있습니다.

  태국은 불교 국가로 '불기^{佛紀}'를 사용하는 나라입니다. 그래서 달력을 자세히 살펴보면 불기에 따른 다양한 일정이 표기되어 있어요. 그리고 중국식에 가까운 달력에는 '지지^{地支}²'에 따른 표기와 표식들이 적혀 있는데요. 중국인이 좋아하는 빨간색을 메인 색상으로 사용하고 금색을 포인트 색상으로 사용한 것이 특징입니다.

  달력은 태국 문방구 어디에서나 쉽게 찾아볼 수 있는데요. 달력을 한 장 한 장 훑어보는 것도 태국을 알아가는 또 다른 재미랍니다. 만약 문방구에 갔는데 달력을 찾기 힘들다면 주인에게 태국어로 '빠띠틴^{ปฏิทิน}' 또는 영어로 '캘린더^{calendar}'라고 이야기해보세요. 분명 친절하게 보여줄 거예요.

1 석가모니불이 열반한 해를 기준으로 불가에서 쓰는 연기를 말한다.

2 60갑자(六十甲子)의 아랫부분을 이루는 자(子), 축(丑), 인(寅), 묘(卯), 진(辰), 사(巳), 오(午), 미(未), 신(申), 유(酉), 술(戌), 해(亥)의 차례로 된 열두 글자를 통틀어서 이르는 말로 십이지(十二支), 십이지지(十二地支)라고도 한다.

4. 각종 서식 관련 문구

태국의 어느 문방구를 가도 영수증이나 거래명세서 같은 각종 서식류를 쉽게 볼 수 있습니다. 최근에는 많은 부분에서 디지털화가 이루어지면서 수기로 서식을 작성하는 일이 줄었지만, 방콕을 벗어난 지역에서는 여전히 손으로 직접 적는 아날로그적 모습을 쉽게 찾아볼 수 있습니다.

저는 다른 나라로 여행을 가면 어느 나라든지 형식은 비슷하지만 그 나라의 말로 적힌 서식 관련 문구가 신기해보이더라고요. 다른 나라에 와 있다는 실감이 나기도 하고요.

태국 문방구에서 서식 관련 문구들을 발견한다면 그냥 지나치지 말고 한 번쯤 그 앞에 서서 종이를 천천히 넘겨보세요. 그 안에서 시대의 변화와 세월의 흐름을 느낄 수 있는 중요한 단서를 찾게 될 수도 있을 테니까요.

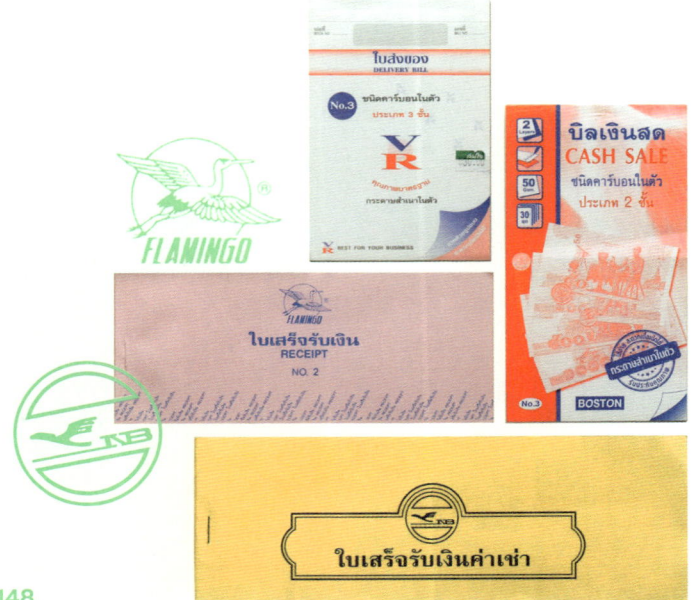

5. 편의점의 불교용품 탐분

태국인들은 너무 더워서 힘들면 편의점으로 피신해 땀을 식히곤 하는데요. 태국의 많은 견공이 편의점의 자동문 앞에 누워 있는 것도 같은 이유에서겠지요.

방콕 길거리를 걷다 보면 거의 한 블록에 하나씩 세븐일레븐 편의점이 있습니다. 세븐일레븐은 문구 제품도 비교적 잘 갖추고 있지만, 다른 나라에서는 볼 수 없는 용품을 판매하고 있기도 해요. 바로 탐분 용품입니다. 탐분은 우리말로 '덕을 쌓는 행위'라고 할 수 있는데요. 탐분 방법은 스님의 말씀을 듣거나 혼자서 기도를 드리는 등 참 다양해요. 그중 일용품을 절에 있는 스님에게 공양하는 '타와이쌍카탄'이 있는데 그 공양에 사용하는 용품을 탐분 용품이라고 부릅니다.

탐분 용품을 구성하는 물품에는 쌀, 치약, 휴지, 약 등 굉장히 많습니다. 규모가 큰 세븐일레븐에서는 탐분 용품을 판매하기도 하니까 태국에서 세븐일레븐에 간다면 문구 코너를 한번 살펴보세요. 다른 나라에서는 볼 수 없는 태국의 문화를 느낄 수 있을 거예요.

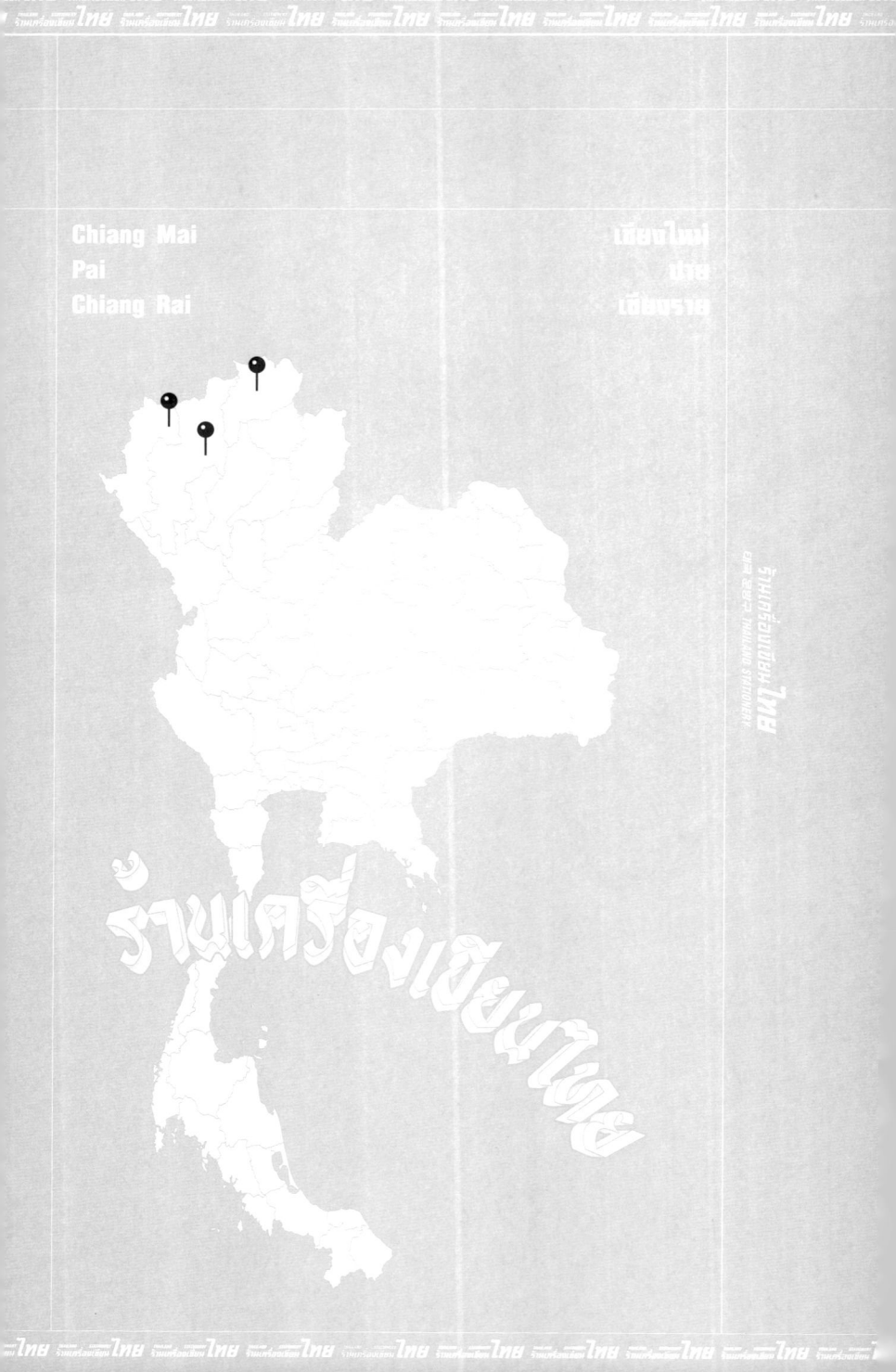

세 번째 여행자

치앙마이 베리 치앙라이

◇ 반타지 문구와 만날 수 있는 치앙마이 피스톤
◇ 시간이 멈춘 듯 느릿느릿 흐르는 오피까 문방구
◇ 예술의 도시 치앙라이에서 만난 예술적 문방구

❖ 부록: 태국 문방구에서 만날 수 있는 추억의 불량식품을
  알아봅시다

빈티지 문구와 만날 수 있는 카페
페이퍼스푼

PAPER SPOON

내 주변에는 태국을 정말 좋아해 여행을 다니다가 태국 어딘가에 정착한 지인이 참 많다. 하지만 나에게 '태국'은 늘 관심 밖의 나라였기 때문에 주변 사람들이 태국에 정착했다는 이야기에도 늘 시큰둥하기만 했다.

   그랬던 내가 9년 전에 태국 치앙마이로 처음 여행을 가게 되었다. 그곳에 사는 일본인 친구를 만나기 위해서였다. 그런데 당시는 한국 인천국제공항에서 태국 치앙마이국제공항까지 가는 직항 비행기가 없던 시절이었다. 환승시간까지 포함해 10시간의 긴 비행시간 끝에 치앙마이국제공항에 도착해 게이트를 나서는 순간, 친구의 반가운 얼굴과 함께 습하고 더운 공기가 훅하고 다가왔다.

   치앙마이에서 지내는 동안, 오전에는 '썽태우¹'를 타고 시내 이곳저곳을 달렸다. 해 질 무렵에는 붉은색 성벽과 해자를 따라 기분 좋은 산책을 하고 밤이 되면 치앙마이를 상징하는 랜드마크인 타패 게이트 근처 재즈바에서 얼음 맥주를 마셨다. 그리고 어느 날에는 치앙마이 시내를 내려다볼 수 있는 도이수텝사원 정상에 올라 여기 사원들이 금박지로 싼 초콜릿 같다며 친구와 철없는 농담을 주고받기도 했다. 태국을 잘 모르고 떠났던 치앙마이에서의 첫 여행은 아직도 마음 언저리에 청춘 영화의 한 장면처럼 남아 있다.

---

1   치앙마이 시내의 교통수단으로, 트럭을 개조한 미니버스다. '톳댕'이라고도 한다.

그로부터 10년이라는 시간이 흐른 현재, 무슨 운명의 장난인지 나는
방콕에 살고 있다. 그리고 우기로 매일 내리는 비가 지겨워진 지금,
느닷없이 치앙마이가 그리워졌다. 다섯 달 전 치앙마이로 여행을 온
한국 친구를 만나러 다녀왔는데도 또다시 가고 싶어졌다. 어쩌면 내
머릿속 치앙마이라는 명사에는 달콤한 꿀이라도 발라져 있는 걸까?

  곧장 치앙마이로 가는 티켓을 구입했다. 그리고 정신을
차려보니 나는 어느새 치앙마이의 '란라오서점'에 있었다.
란라오서점은 치앙마이에 갈 때마다 들르는 곳으로 주인 할머니가
늘 밝고 따뜻하게 맞아준다. 이 서점은 치앙마이를 거점으로
예술 활동을 하는 세계 여러 나라 아티스트의 책을 꽤 많이 갖추고
있는데 한국 아티스트들의 책도 많이 볼 수 있어 좋아하는 곳이다.

  아티스트들의 개성이 듬뿍 담긴 책들에 한참 빠져 있다가 서점
2층으로 발걸음을 옮겼다. 마침 2층에서는 작은 일러스트 전시회가
열리고 있었다. 작품을 감상하다가 오래된 나무 책상 위에 있는
빈티지 타자기를 발견했다. 태국어 자판이 촘촘하게 박혀 있는
올리브색 타자기였다. 역시나 타자기를 보자마자 금세 사랑에 빠져
버렸다. 하지만 아쉽게도 타자기는 판매용이 아니었다. 실망하는
내 모습에 란라오서점의 주인아저씨는 치앙마이에는 빈티지
물건이 많으니 빈티지 숍이나 편집숍에서 쉽게 살 수 있을 거라고
알려주었다. 그 말에 문득 '페이퍼스푼'이 떠올랐다. 그곳이라면
내 마음에 쏙 드는 빈티지 제품을 발견할 수 있을 것 같은 기분 좋은
예감이 들었다.

☞ 세계 여러 나라 아티스트의
책과 만날 수 있는 란라오서점.
한국 아티스트의 책도 많이 있다.

✎ 보자마자 한눈에 반한
태국어 자판 빈티지 타자기

페이퍼스푼은 치앙마이에 갈 때마다 찾는 카페 겸 빈티지 편집숍이다. 주인 부부의 햇살 같은 다정함과 스콘 한 조각의 달콤함을 느끼면서 초록 공간에 흩어져 있는 작고 귀여운 꽃들을 보고 있으면 마치 동화 속 한 장면에 있는 듯한 행복한 착각에 빠지곤 한다. 그리고 그곳에서는 늘 작은 기쁨을 주는 소소한 빈티지 문구도 발견하게 된다. 오늘은 또 어떤 반짝이는 보물과 만나게 될까? 마음이 두근거렸다.

　페이퍼스푼은 1층은 카페, 2층은 빈티지 편집숍으로 운영되고 있다. 카페에서 가볍게 싸와롯빤[2] 주스를 마시고 2층 빈티지 편집숍으로 올라갔다. 위로 올라가는 나무 계단은 일반 계단보다 폭이 좁아 앙증맞게 느껴졌다. 나무 계단 끝에 서자 맞은편 벽 창문에 걸린 하얀 레이스 커튼이 바람에 살랑거리는 게 보였다. 2층은 바람결에 나뭇잎이 스치는 소리로 가득 차 있었고 나무 벽 한쪽으로 투명한 햇살이 끊임없이 들어오고 나갔다.

　나뭇잎의 사그락사그락 소리를 들으며 찬찬히 내부를 살펴보다가 서랍 위에서 『포스트카드 러버스』라는 아름다운 엽서 책을 발견했다. 엽서 책에는 태어난 지 백일도 채 안 되어 보이는 아기 사진과 함께, 두 볼이 복숭아처럼 물든 엄마가 정성스레 연필로 꾹꾹 눌러쓴 예쁜 이야기가 나란히 담겨 있었다.

2　백리향과 패션 프루트를 얼음과 함께 갈아 만든 주스다.

엽서 책을 한참 살펴보고 내려놓는데 왼편 철제 서랍장 위에 노란색 플라스틱 통 세 개가 앙증맞게 놓여 있는 게 보였다. 북 모양의 작고 귀여운 통이었는데 자세히 보니 떠서 바르는 물풀이었다. 뚜껑 위에 먼지가 까맣게 쌓인 걸로 보아 오랫동안 주인을 만나지 못한 듯했다. 누구의 선택도 받지 못하고 먼지를 쓰고 있는 모습이 안쓰러워 두 개를 집어 들었다. 어쩌면 안에 들어 있는 풀은 이미 말랐을지도 모르지만 상관없었다.

페이퍼스푼에서 산 물풀.
태국 제품인 줄 알았는데 나중에
알고 보니 말레이시아의 접착제 전문
브랜드 '춘베페이스트(Chunbae
Paste)'의 제품이었다.

한 손에 동그란 물풀 통을 들고 철제 서랍장 아래를 살펴보니 종이 받침대가 쪼르륵 꽂혀 있었다. 공장에서 찍어낸 기성품이 아닌 누군가가 직접 만든 종이 받침대였다. 두꺼운 판지에 천 조각을 대고 위쪽에 철제 왕 집게를 붙인 간단한 구조였다. 평소에 종이 받침대에 자투리 종이들을 한데 모아놓고 사용하는 습관이 있어 이 제품이 마음에 쏙 들었다. 서로 다른 모양과 색상의 제품이 대여섯 개 정도 있었는데, 나는 채도가 낮은 나무색에 페이즐리 문양이 들어간 받침대를 골랐다. 집게에는 잔 스크레치가 많았고 스프링은 녹이 조금 슬어 있었다. 하지만 나에게는 흠으로 보이지 않았다. 오히려 그런 부분들 때문에 더 매력적이고 멋스러워 보였다. 진정한 빈티지라면 이런 훈장 하나쯤은 갖고 있어야 한다고 생각하니까.

  시간이 가는 줄 모르고 한참을 이것저것 구경하다 보니 해가 들어오는 방향이 바뀌어 있었다. 돌아가야겠다 싶어 계산하러 가다가 창틀 위에서 주황색 플라스틱 상자를 발견했다. 뚜껑에는 음각으로 문구회사 호스의 브랜드 로고가 새겨져 있었다. 언뜻 보기에는 플라스틱 필통처럼 보였는데 상자 안에는 모양자 하나가 새초롬하게 들어 있었다. 내 나이만큼의 세월을 보냈을 것 같은 상자를 보자마자 이런 생각이 문득 들었다. '어디에서 어떤 세월을 겪다가 오늘 이렇게 나와 만났을까?'

나는 옛날이나 지금이나 영화 《토이 스토리》의 열성적인 팬이다. 그래서 어릴 때 사물들은 저마다의 언어로 서로 끊임없이 이야기하고 소통할 수 있다고 믿었다. 그리고 어떤 면에서는 지금도 그렇다. 그래서 가끔 세월의 흐름이 느껴지는 물건과 만나면 사물과 인간도 서로 의사소통을 할 수 있다면 세상이 얼마나 더 재미있을까 생각한다. 오래된 물건들이 담고 있는 뒷모습과 그 이야기를 알고 싶기 때문이다.

페이퍼스푼에서 현실과 잠시 단절되어 떠났던 빈티지 문구 여행이 어느새 끝나가고 있었다. 짧은 여행에서 발견한 작고 반짝이는 것들을 계산대에 쏟아냈다.
    문구 여행을 하면서 가장 좋아하는 순간을 꼽으라면 바로 이 순간이다. 작은 물건 하나하나가 곧 나를 행복하게 해줄 것이고 동시에 그런 행복이 나의 존재를 확인해주며 나에 대해 조금 더 알게 해준다. 어쩌면 이것이 내가 사람들에게 문구 여행을 해보라고 권하는 이유일지도 모르겠다.
    나는 앞으로도 얼마나 많은 문구와 만나고 새로운 나와 마주하게 될까? 앞으로 나의 문구 여행이 기대된다.

시간이 멈춘 듯 느릿느릿 흐르는
엄피까문방구

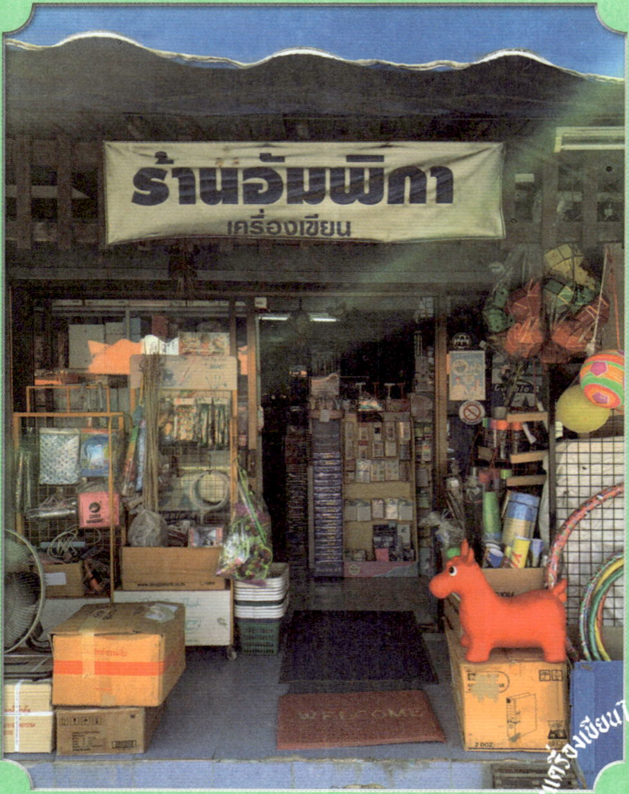

ร้านเครื่องเขียนไทย

อัมพิกา

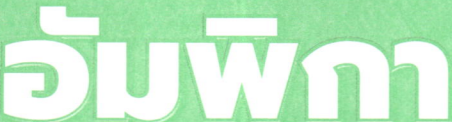

2020년 11월, 첫 번째 결혼기념일이 다가오고 있었다. 그날은 조금 특별하게 보내고 싶어 남편과 '빠이'에 가기로 했다. 빠이는 치앙마이에서 3시간 동안 762개의 커브를 지나야 만날 수 있는 곳이다. 오래전부터 배낭여행자들의 성지로 유명해 '빠이'와 '유토피아'를 합쳐 '빠이토피아'로 불리기도 한다.

    이른 아침 방콕에서 비행기를 타고 치앙마이국제공항에 도착해 버스터미널로 향했다. 치앙마이버스터미널은 1980년대에 시간이 멈춘 것 같은 모습이어서 마치 과거로 여행을 떠난 듯한 기분마저 들었다. 빠이로 가는 롯뚜¹에 짐을 실어 놓고 목적지까지 안전하게 순간이동을 시켜줄 마법의 멀미약을 먹었다. 그리고 정확히 3시간 뒤 나는 빠이버스터미널에 도착해 있었다.

    빠이에 도착한 다음 날, 닭의 힘찬 울음소리와 함께 아침을 맞았다. 11월 초의 빠이는 정말 추웠다. 태국에서 추위를 느낀다고 하니 이상하게 들리겠지만, 이날 빠이의 새벽 기온은 무려 10도까지 내려가 있었다. 황금빛 논 옆에 자리 잡은 숙소에서 빠져나와 한 걸음씩 발을 내디딜 때마다 새하얀 입김이 공중에 퍼졌다. 언제부터 따라왔는지 내 옆에서 함께 걷는 하얀 강아지의 입에서도 작은 구름이 피어올랐다. 산책을 마치고 숙소에 돌아오자 작은 오두막에 태국식 쌀죽인 쪽이 준비되어 있었다. 따뜻한 쪽 한 그릇으로 추위를 달래며 밖을 바라보았다. 추수를 하는 농부들과 푸른 잔디 위에서 햇살 샤워를 즐기는 작은 동물 친구들의 모습이 평화롭다 못해 비현실적으로 느껴졌다.

---

1   태국에서 지역 사이를 이동할 때 이용하는 15인승 승합차를 말한다.

빠이의 차갑고 청량한 공기와 따스한 햇살은 한국의 겨울을 떠올리게 했다. 빠이에 하얀 눈이 내려 싱그러운 야자수 위에 소복하게 쌓이면 어떤 모습일까? 이런 상상을 하며 숙소 주인아주머니가 알려준 빠이 시내의 문방구에 가보기로 했다.

마음씨 좋은 숙소 주인아저씨가 내어준 오토바이에 몸을 싣고 문방구를 향해 달렸다. 그리고 곧 생명을 주는 우유라는 뜻을 지닌 엄피까라는 이름의 문방구에 도착했다. 마침 정문을 공사하고 있어 출입구를 찾지 못해 문방구 앞을 서성이고 있는데 뒷문 쪽에서 주인아주머니가 이쪽으로 오라며 크게 손짓하는 게 보였다.

그 손짓에 이끌려 엄피까문방구에 들어섰다. 순간 어딘가에서 익숙한 향기가 풍겨오면서 어릴 적에 할아버지와 자주 가던 문방구가 떠올랐다. 시골 할아버지 집 근처에 있던 작은 문방구였는데 내가 문방구를 유독 좋아한다는 것을 알고 일부러 데려가시곤 했다. 겨울이 되면 문방구는 석유난로 덕분에 늘 훈훈했다. 겨울 햇살이 창문을 통해 깊숙하게 들어오는 날에는 난로의 훈훈함이 더해져 몸은 금세 노곤노곤해졌다. 겨울의 문방구는 석유 냄새와 오래된 나무 바닥의 냄새가 한 데 뒤섞여 그곳만의 독특한 향기를 풍겼다. 오래된 문방구에서만 맡을 수 있는, 아직도 내 기억 속에 남아 있는 향기. 엄피까문방구에서

오래전 기억 속의 문방구를 떠올리니 가게 어딘가에서
할아버지를 만날 수 있을 것만 같은 묘한 기분이 들었다.

아련한 추억의 시간도 잠시. 어쩐지 아까부터 뒤가 조금 이상한
느낌이 들었다. 조심조심 뒤를 돌아보니 태국에서 많이 볼 수 있는
도마뱀 찡쪽 열댓 마리가 마분지 위에 다닥다닥 붙어 있는 게
아닌가? 태국에 살면서 하루에도 몇 번씩 마주치지만, 이렇게 떼로
모여 있는 건 처음이었다. 너무 놀라 비명조차 지르지 못하고 눈을
질끈 감았다. 몇 초가 지났을까? 다시 눈을 반쯤 떴는데 조금 전에
본 그 찡쪽들이 도망도 가지 않고 그 자리에 그대로 있었다. 조금
이상해 자세히 보니 진짜 찡쪽이 아닌 모형이었다. 실물과 너무
비슷해 깜빡하면 정말 속을 뻔했다. 이 깜찍한 물건을 보고 있으니
찡쪽만 보면 혼비백산하고 도망가는 남편을 놀려주고 싶다는
생각이 들었다. 노트북을 펼쳤을 때 찡쪽이 짠 하고 나타나 남편을
맞이하면 어떤 반응을 보일까? 이런 생각만으로도 저절로 신이
났다. 그래서 엄피까문방구에 살고 있던 모형 장난감 찡쪽
두 마리를 데려가기로 했다.

　　태국에서 지내다 보면 하루에도 대여섯 번은 마주치는 찡쪽.
사실 태국에 여행자 신분으로 처음 왔을 때는 찡쪽이 꽤나
무서웠다. 하지만 지금은 찡쪽이 우는 소리를 들으면 마치
작은 새가 우는 것 같아 귀엽다는 생각마저 든다. 그리고
그 모습이 신비로워보일 때도 있다. 태국인에게 꼬리가

두 갈래로 갈라진 찡쪽은 행운을 상징하기도 하니까.

좁은 통로를 따라 안으로 더 들어가니 벽면에는 보드게임, 카드 게임, 소꿉놀이 세트가 층층이 쌓여 있었다. 먼저 태국식 모노폴리 보드게임인 '껨쑤퍼쎄티'(เกมซุปเปอร์เศรษฐี)가 눈에 들어왔다. 한국에 부루마불이 있다면 태국에는 껨쑤퍼쎄티가 있다고 해도 좋을 정도로 태국인이라면 어릴 때 한 번쯤은 친구들과 즐겼을 보드게임이다. 쨍한 색감에 레트로 느낌이 나는 게임 상자에는 조금은 촌스러운 캐릭터가 그려져 있었다.

태국의 레트로 보드게임에 정신이 팔려 신나게 구경하다가 매대 선반 사이에서 앳된 모습의 태국 여성들이 찍힌 사진을 발견했다. 의상, 헤어스타일, 메이크업으로 보아 1990년대의 하이틴 스타 같은 느낌이었다. 과거에 태국에서 인기가 있던 연예인이지 않을까 하고 문방구 주인아주머니에게 물어보니 역시나 그랬다. 1990년대의 인기 배우인 '닝 꿀라싸뜨리'(นิง ฤลสตรี, Nichayanaht Siripongpreeda) 그리고 '남풍 나타리까'(น้ำผึ้ง ณัฐริกา, Natrika Thampridanant)였다. 아마도 한국의 심은하나 김희선 정도 되는 배우이지 않았을까? 옆에는 태국 가수 '눅 쑤띠다'(นุ๊ก สุทิดา, Suttida Kasemsant Na Ayutthaya)의 사진도 있었는데 청초한 모습이 한국에서 1990년대를 장식했던 가수 강수지를 떠오르게 했다.

엄피까문방구는 천장이 유난히 낮고 아담하며 따뜻했다.
그런 문방구 안에 차곡차곡 쌓인 문구들을 보고 있으니 마치
과거로 여행을 떠난 듯한 기분마저 들었다. 그리고 그 안에서
보내는 시간은 외부와 철저하게 단절된 채 느리게 흐르는 것
같았다. 앞으로도 이곳은 오래된 시간의 공기를 그대로 간직한 채,
보채지도 채근하지도 말고 지금까지 흘러온 속도 그대로 유유히
흘러가기를 마음속으로 바라본다.

예술의 도시 치앙라이에서 만난
예술적 문방구

ชีวรัตน์วิทยา
เชียงรายเทพวัลย์

2021년 새해를 태국의 북부 지방에서 보내게 되었다. 그리고 그동안 가보지 못한 '치앙라이'를 그해의 첫 번째 행선지로 정했다. 치앙라이는 태국 최북단 지역으로 라오스와 미얀마에 인접해 있다. 치앙라이의 '골든트라이앵글'은 메콩강을 사이에 두고 태국, 미얀마, 라오스의 국경이 만드는 삼각형의 꼭짓점으로, 경치가 아름답기로 유명하다.

     방콕 돈므앙국제공항에서 출발해 1시간 만에 치앙라이공항에 도착했다. 공항의 크기와 분위기가 자주 갔던 아담한 콘깬공항과 비슷해 친숙하게 느껴졌다. 공항 근처에서 자동차를 빌려 본격적으로 치앙라이 여행을 시작했다.

나는 새로운 나라나 도시를 방문할 때는 그 지역의 재래시장에 들러 현지의 분위기와 문화를 파악한다. 그래서 치앙라이에서 꼭 가보고 싶던 곳도 '딸랏매싸이'였다. 딸랏매싸이는 태국과 미얀마를 잇는 매싸이 국경지대의 재래시장이다. 규모가 매우 크고 국경지대에 있어 태국에서는 보기 힘든 미얀마 간식을 쉽게 구할 수 있다. 나는 달달한 간식을 늘 입에 달고 살기 때문에 딸랏매싸이로 향하며 미얀마의 달콤한 간식과 만날 생각에 기분이 들떴다. 시장 곳곳을 누비며 미얀마에서 들어온 초코바, 사탕, 캐러멜, 인스턴트 커피, 견과류를 두 손 가득 사 들고 그 누구보다 행복한 얼굴로 숙소로 향했다.

다음 날 해가 밝았다. 치앙라이의 1월 기온은 한국의 가을과
비슷해 쌀쌀했다. 온도계를 보니 13도였다. 태국에서 13도는
한국의 13도와 확연히 다르다. 경량 패딩을 입고도 몸에 한기가
돌아 전날 딸랏매싸이에서 사 온 인스턴트 커피 한 봉지를 뜯었다.
커피를 들고 발코니로 나가 주위를 둘러보니 온통 나무였다.
초록이 가득한 풍경과 상쾌한 공기 그리고 따뜻한 아침 커피 한
잔이 주는 시간이 정말 근사했다. 발코니에 있는 동안 차가워진
두 뺨을 두 손으로 감싸며 침대로 돌아왔다. 새하얗고 포근한
이불을 온몸에 둘둘 말고 오늘의 목적지인 문방구를 검색했다.
그리고 치앙라이 시내에 문방구 거리를 비롯해 서점, 운동기구
관련 상점들이 밀집해 있는 거리를 발견했다. 가게들의 상호와
전화번호를 검색해보니 비슷한 이름과 숫자들로 등록되어 있었다.
그걸로 보아 이 거리의 상권은 꽤 오랫동안 치앙라이의 지역
유지가 주축이 되어 형성되어왔을 것이라는 생각이 들었다.

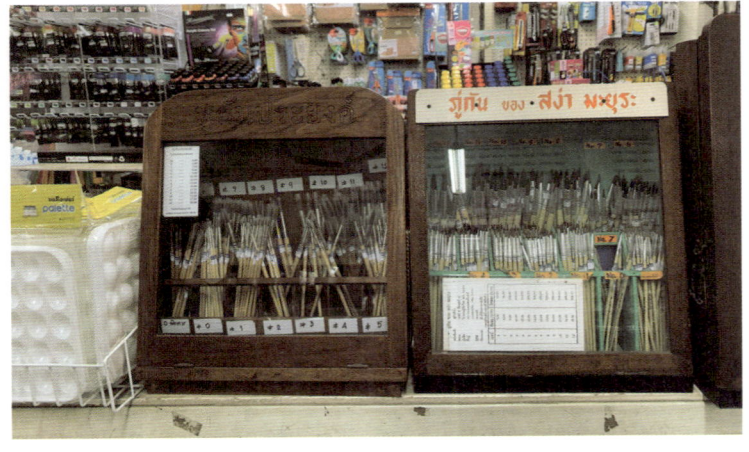

치앙라이 시내에 도착해 문방구 거리를 찾았다. 첫 번째로 향한 문방구는 '가치 있는 인생'이라는 뜻의 이름을 지닌 'ชีวรัตน์วิทยา'였다. 그 이름에서 교육 관련 문방구라고 짐작할 수 있었다. 문방구에 들어가 안을 둘러보았다. 처음에는 오래된 태국 문방구의 전형적인 모습과 크게 다를 바 없어 보였다. 하지만 그것은 큰 착각이었다.

다른 때처럼 가장 먼저 연필, 지우개, 스티커 코너를 둘러보았다. 그리고 미술 관련 도구가 진열된 코너에 다다랐는데 그곳에는 세필 붓부터 시작해 유화를 그릴 때 사용하는 특수 붓까지 생각보다 많은 미술 도구가 진열되어 있었다. 나는 학생 때 미술을 전공했던 터라 그동안 화방을 수도 없이 들락날락했다. 그래서 매장이 어떤 화구로 구성되어 있는지만 보아도 그 화방이 얼마나 전문적인지 어느 정도는 파악할 수 있다. 그런데 이 문방구는 깜짝 놀랄 정도로 미술용품 구성에 상당히 공을 들이고 있었다. 문방구가 아니라 화방이라고 불러도 될 정도였다.

미술용품 코너에서 빠져나와 이번에는 지류 구역으로 넘어갔다. 문방구 앞쪽에서는 전혀 보이지 않았는데 뒤로 가자 숨어 있던 큰 공간이 나왔다. 그동안 태국 문방구를 셀 수 없이 다녀보았지만 지류가 이렇게 다채로운 곳은 처음이었다. 다양한 그램 수의 도화지부터 유럽에서나 볼 법한 단단하고 은은한 향기를 풍기는 근사한 종이까지 그 가짓수에 눈이 휘둥그레졌다. 종이들을 보고 있자니 문득 어떻게 관리하고 있을지 그 방법이 궁금해졌다.

태국에 이민을 올 때 그동안 세계 곳곳을 유랑하며 수집해온 엽서, 편지지, 봉투, 포스터, 팸플릿, 소책자 등의 지류도 챙겨와 방콕 집에 보관해두었다. 하지만 5월 중순에서 10월 초순 사이의 우기만 되면 종이들이 습기 때문에 휘어지고 뒤틀리며 힘겨워하는 모습을 종종 보았다. 그래서 당장이라도 치와랏위타야문방구 주인에게 종이를 어떻게 관리하는지 그 비법을 전수해달라고 매달리고 싶은 심정이었다.

    수많은 지류가 동시에 뿜어내는 색의 향연 속에서 종이의 쌉쌀하고 그윽한 향을 맡고 있으니 정신이 혼미해졌다. 그런데 지류 코너가 끝나가는 쪽에서 갑자기 소나무가 타는 향이 코끝으로 스르륵 번졌다. '이런 향이 나는 종이도 있나?' 생각하다가 이것은 종이에서 나는 향기가 아닌 '싼진'에서 피우는 향냄새라는 걸 알았다. 싼진은 '싼짜오티띠쮸이아'라고도 불리는데 집안의 정령과 귀신을 위해 거실에 만들어두는 재단으로 타이진 가정에서 흔히 볼 수 있다. 태국의 길거리나 건물 앞에 있는 사당인 '싼프라품'과는 또 다른 형태로 웅장하다. 나는 미신을 믿지 않는 편이지만, 어쩐지 이 웅장한 싼진이 치와랏위타야문방구를 든든하게 지켜주고 있는 듯한 느낌이 들었다. 2시간가량 문방구를 탐험하는 동안 어느새 해가 지고 있었다. 다음 목적지로 향하기 위해 문방구 거리로 발걸음을 옮겼다.

🍃 타이진 가정에서 흔히 볼 수 있는 싼진과 태국 길거리 등에서 볼 수 있는 사당 싼프라품.

👉 치와랏위타야문방구에서 만난 웅장한 싼진.

두 번째 목적지인 치앙라이테파완문방구 앞에 도착하자 주위에
있던 가로등에 순서대로 불이 켜졌다. 신이 하늘로 승천하는
모습을 표현한 태국어를 그대로 문방구 이름으로 사용하고
있어서일까? 맞은편에 있던 치와랏위타야문방구와는 또 다른
예술적 분위기가 느껴졌다. 안으로 들어서자 양쪽 벽을 따라
선반 위에 빼곡하게 진열된 트로피들이 눈에 들어왔다. 학교
등에서 상장과 함께 수여하는 트로피로 보였는데 천장에
금방이라도 닿을 듯한 그 모습이 의기양양하고 힘이 넘쳤다.

　　조금 더 안쪽으로 들어가니 클래식 기타들이 진열된 공간이
나왔다. 문방구에서 기타를 본 게 처음이어서 맞은편에 앉아 있던
주인아저씨에게 판매하는 상품이냐고 물었다. 그러자 최근에
클래식 기타를 배우는 학생이 늘어나 문방구에 들여놓았다고
했다. 클래식 기타들이 쇼케이스에서 화려한 조명을 받으며
멋지게 진열된 모습을 보니 지금 당장에라도 아름다운 연주를
들려줄 것만 같았다. 알면 알수록 치앙라이는 참 멋진 곳이다.
사람으로 비유하면 그림도 잘 그리고 기타도 잘 치는 다재다능한
보헤미안 같다고 할까? 어쩐지 치앙라이의 엄청난 매력에서
헤어 나오지 못할 것 같은 예감이 들었다.

　　문방구 맨 뒤편에는 여러 종류의 공이 진열되어 있었다.
그리고 옆에는 나의 질문 공격을 받아줄 주인아저씨가 어느새
다가와 있었다. 여기 있는 공들은 주로 누가 사용하냐고 묻자 모두
초중고등학교 학생들이 체육 시간에 사용하는 것들이라고 했다.

축구, 농구, 배구, 핸드볼 공들이 당당한 모습으로 잘 정돈되어 있었다. 어쩌면 아까 그 치앙라이 보헤미안은 운동 실력까지 겸비한 사람일지도 몰랐다. 세상에!

　치앙라이테파완문방구를 찬찬히 둘러보니 진열된 모든 상품이 일목요연하게 정리 정돈되어 있었다. 집기나 매대 위에서 먼지는 보기 어려웠다. 아마도 주인아저씨의 단정하고 깔끔한 성품에서 비롯되지 않았을까? 글씨체가 그 사람의 성격을 나타내기도 하듯 공간은 그 공간을 주관하는 사람의 성향과 성품 그리고 더 나아가 습관까지도 보여줄 때가 있으니까.

　문방구는 조용하고 군더더기 없었지만, 신기하게도 힘이 넘치는 좋은 기운이 내내 주위를 감돌았다. 만약 신이 치앙라이에 소풍을 온다면 먼저 치와랏위타야문방구에 들러 유화를 한바탕 멋있게 그리다가 치앙라이테파완문방구로 옮겨와 클래식 기타를 연주하고 이내 지루해지면 다른 친구들을 불러 공을 차며 즐거운 시간을 보내지 않을까?

치앙라이는 예술을 상징하는 지역으로 잘 알려져 있다. 그래서 이 지역 곳곳에서 자연과 어우러진 다양한 예술 작품과 예술가의 흔적을 찾아볼 수 있다.

치앙라이에 있는 '화이트 템플'이라는 아름다운 외관의 관광 명소는 이곳을 대표하는 화가 찰름차이 코싯피팟이 치앙라이 외곽 지역에 방치되어 있던 '왓 롱 쿤' 사원을 사들여 약 400억 원을 투자해 완전히 새롭게 바꾼 곳이다. 또 외국인 관광객들에게 '블랙 하우스'로 잘 알려진 '반담박물관'은 태국을 대표하는 화가 '타완두차니'의 생가로 그가 타계한 이후 박물관 형태로 대중에게 공개되었다.

치앙라이의 거리를 거닐며 어쩌면 치앙라이 사람들 몸에는 예술가의 혼과 에너지가 계승되어 치와랏위타야문방구와 치앙라이테파완문방구에도 고스란히 이어지고 있는 것은 아닐까 하는 생각이 들었다. 치앙라이에 간다면 꼭 이런 예술적 감각이 가득한 곳들과 함께 문방구 거리도 방문해보기를 바란다. 분명 태국 예술가의 혼과 에너지를 듬뿍 느끼고 돌아갈 수 있을 테니까.

부록

태국 문방구에서 만날 수 있는
추억의 불량식품을 알아봅시다

　태국의 오래된 문방구를 구경하는 일을 좋아하다 보니 문구 말고도 자연스레 그곳에서 판매하는 다른 것들에도 관심이 생겼습니다. 그 가운데 하나가 바로 '불량식품'인데요. 태국도 한국처럼 최근에 레트로 열풍이 일면서 추억의 불량식품을 찾는 사람이 많다고 합니다. 문방구에서 파는 불량식품을 태국어로는 어린이들이 먹는 식품이라는 뜻의 'ขนมวัยเด็ก 카놈와이덱'이라고 부릅니다. 또 다르게는 1990년대에 유행한 불량식품이라는 뜻으로 'ขนมยุค90 카놈육까오십'이라고 해요.

　대표적인 불량식품으로는 새알 모양의 하얀색 사탕 'ขนมลูกอมไข่นก 카놈룩엄카이녹'이 있습니다. 평범한 사탕인데 태국 친구들은 이 사탕을 찡쪽의 알이라고 속여 친구들과 장난을 치고 놀았다고 해요. 그 모습을 상상하니 귀여운 불량식품처럼 느껴지기도 하네요.

　다른 불량식품으로는 앵무새 풍선껌이라는 이름을 가진 'หมากฝรั่งนกแก้ว 막빠랑녹깨우'가 있습니다. 검지 손가락 두 마디 정도의 작은 껌으로 포장지 색깔은 다양해도 맛은 모두 같아요. 단물이 정말 금방 빠지지만, 포장지 디자인이 귀엽고 앙증맞답니다.

　그리고 매실을 건조해 얇게 썬 'บ๊วยแผ่น 부어이펜'도 있습니다. 특히 'Goody 구디'라는 회사에서 나오는 부어이펜 식품으로 'Slice Haw 슬라이스 하우'가 있는데요. 설탕에 매실 향을 아주 조금 첨가한 강렬한 핫핑크 식품으로 이상하게 손이 계속 가는 은근한 매력을 지녔습니다.

　태국에는 이외에도 정말 많은 불량식품이 있으니 혹시 태국을 여행하다 불량식품을 만나면 한 번쯤 살펴보세요. 알록달록한 포장지만 구경해도 시간 가는 줄 모를 테니까요.

ภาคผนวก

네 번째 여행지

꼬사무이
핫야이

❖ 바닷가 마을의 수줍은 소녀가 반겨주는 넝일임문방구
❖ 태국의 문화를 엿볼 수 있는 도장이 가득한 꺼짝끄라완문방구
❖ 부록. 태국 곳곳에서 역사와 문화가 담긴 문구를 찾아봅시다

바닷가 마을의 수줍은 소녀가 반겨주는
넝임임문방구

น้องอิมอิม

2021년 4월, 태국에서 가장 더운 계절이 시작되었다. 이곳에서 몇 년을 살다 보니 더위의 정도로 계절을 구분할 수 있다는 것을 알게 되었다. 이를 떡볶이의 매운 정도로 빗대어 본다면 3-5월은 매운맛, 6-11월은 보통 매운맛, 12-1월은 순한 맛 정도가 되지 않을까?

가만히 있어도 아이스크림처럼 녹아버릴 것만 같은 방콕의 더위에 지쳐 하루 종일 바다에 가서 수영하고 물에서 나오지 않을 요량으로 꼬사무이에서 '쏭끄란'을 보내기로 했다. 쏭크란은 매년 4월 13일에서 4월 15일까지로 정해져 있는 태국의 설날이다.

하지만 꼬사무이에 도착해 내가 큰 착각을 하고 있었다는 사실을 깨닫기까지는 그리 얼마 걸리지 않았다. 꼬사무이에는 높은 건물이 없어 해에 그대로 노출되다 보니 방콕보다 몇 배는 더 더웠기 때문이었다. 방콕보다 심한 더위에 처음에는 자동차를 빌려 편하게 꼬사무이 여행을 할까 생각했다. 하지만 꼬사무이의 바닷바람을 직접 맞고 즐기고 싶었다. 그래서 숙소 근처에서 오토바이 한 대를 빌려 여행을 즐기기로 했다.

꼬사무이에서 이틀 동안 알차게 여행한 뒤 세 번째 밤이 지날 무렵, 이곳에도 갈만한 문방구가 있을지 찾아보기로 했다. 지도 어플에 문방구를 뜻하는 태국어 '란크르앙키얀'을 입력하니 스물한 개가 주루룩 나왔다. 문방구는 주로 섬 북동부 지역에 밀집해 있었고 그쪽이 꼬사무이 시내로 보였다.

나에게는 가고 싶은 문방구를 찾는 나만의 법칙이 있다. 먼저 검색 사이트로 검색한 다음 어떤 문방구를 방문하면 좋을지 현지인에게 물어본다. 이때 현지인이 추천해준 문방구와 내가 가고 싶은 문방구가 같다면 다른 곳은 찾아볼 필요도 없다. 하지만 다른 경우도 종종 발생한다. 그럴 때는 현지인이 사용하는 검색 사이트를 활용한다. 태국에서는 판팁을 요긴하게 활용하고 있는데 가끔 그 사이트에서도 원하는 정보를 찾지 못할 때가 있다. 그러면 최후의 수단으로 지도 어플에 나온 문방구를 검색 사이트에서 하나하나 조사하며 결정한다.

    꼬사무이의 문방구는 나만의 문방구 찾기 법칙의 마지막 수단을 적용해야 했다. 지도 어플에 나온 스물한 개의 문방구를 검색 사이트에서 하나씩 검색해나가자 열여섯 곳 정도는 온전한 문방구 사진이 나왔다. 하지만 세 곳은 돼지고기 꼬치구이인 무뼁, 태국식 치킨 까이텃 등의 음식점이 나왔고 나머지 두 곳은 아예 사진이 없었다. 이럴 때는 당황하지 말고 오로지 감으로 괜찮은 문방구를 발견해야 한다. 이번 꼬사무이 문방구 찾기는 거의 미션에 가까웠고 가까스로 몇 군데를 최종 후보에 올렸다. 그리고 다음 날이 되기를 기다렸다.

드디어 꼬사무이의 해가 힘차게 떠올랐다. 전날 찾아 놓은 문방구 최종 목록에서 가장 마음이 갔던 곳인 '넝임임'을 지도 어플에 입력했다. 문방구 이름에서 '임임'은 동생의 가게라는 뜻인데 아마도 주인 이름이 '임'이거나 자녀 이름이 '임'일 거라는 생각이 들었다. 검색으로 나온 단 두 장의 사진과 귀여운 문방구 이름만으로 선택한 꼬사무이의 문방구. 오토바이로 해변을 달리는 내내 왼쪽에 펼쳐진 파란 바닷가에서 시원하고 짭짤한 바닷바람이 불어왔고 정오를 향해 달려가는 해는 헬멧을 이글이글 뜨겁게 달구었다.

    숙소에서 15분 정도 달려 문방구에 도착했다. 문방구 외관은 검색 사이트에서 본 사진과 똑같았다. 오토바이를 출입문 옆에 조심스레 세워 두고 숨을 깊게 쉬었다. 문방구에 들어설 때 종종 그 공간에 압도되어 현기증이 몰려올 때가 있다 보니 저절로 생긴 버릇이다.

    숨을 고르고 들어간 넝임임문방구 안은 꼬사무이 바닷가 마을처럼 평온했다. 그곳에 있는 문구들도 잔파도 하나 없는 바다처럼 잔잔해 특징이 없어 보였고 이미 수많은 태국 문방구를 여행하면서 보아온 문구가 대부분이었다. 하지만 내가 누구인가? 문구 덕후 아닌가? 어떻게든 이곳에서 꼬사무이 문방구만의 특별한 문구를 찾고 싶었다.

    바닥에 쭈그리고 앉아 연필 코너를 열심히 탐험하는데 갑자기 옆에서 여자아이의 수줍은 목소리가 들려왔다.

"궁금한 게 있으면 말씀해주세요." 순간 이 목소리는 문방구 이름의 주인공인 '임'일 것이라는 생각이 들었다. 옆을 돌아보니 초등학교 3-4학년 정도 되어 보이는 귀여운 친구가 있었다. "네 이름이 '임'이니?"라고 물어보니 고개를 끄덕이며 아버지가 자기 이름으로 문방구 이름을 지었다고 말해주었다. 그러고 보니 맞은편에서 임의 아버지로 보이는 사람이 연신 꿀이 뚝뚝 떨어지는 눈으로 임을 바라보고 있었다. 그 모습에 역시 딸 바보는 세계 어디에나 존재하는구나 싶었다.

임과 짧은 대화를 나누고 나는 다시 이곳만의 특별한 문구를 찾기 위해 살펴보기 시작했다. 바닷가 마을의 문방구답게 한 켠에는 조개껍데기를 주워 예쁘게 색칠한 수공예 장신구가 있었다. 그리고 해마와 산호를 말려 만든 모빌도 있었다. 문방구에서 이런 제품도 팔다니. 넝임임문방구에서 처음 보는 모습이었다. 그래서 기념으로 산호를 말려 만든 작은 모빌 하나를 골랐다. 그리고 태국어 레터링 스티커 한 세트와 연필 두 자루, 펜 한 자루도 함께 집었다.

그리고 임에게 계산을 위해 골라온 문구들을 건넸는데 갑자기
임이 누군가에게 황급히 전화를 걸었다. 바로 엄마였다.
임이 내가 고른 물건을 차근차근 설명하니 엄마가 수화기 너머로
바로바로 가격을 알려주었다. 평일에는 엄마가 문방구를 지키는데
오늘은 주말이라 아빠와 함께 가게를 지키며 엄마를 도와주고
있는 것이었다. 너무 기특하고 사랑스러웠다. 나에게도 이런 딸이
있다면 밥을 안 먹어도 행복할 것 같았다.

계산을 끝내고 임과 임의 아버지에게 가볍게 인사한 뒤 문방구
문을 열었다. 그 순간 꼬사무이의 후끈한 열기가 온몸을 덮쳤다.
그리고 그사이 잊고 있던 오토바이는 햇빛을 그대로 받아 거의
숯불구이가 되어 있었다. 분명 그늘에 세워 두었는데 해가
이동하면서 땡볕에 고스란히 노출되었던 것이다. 이대로 안장에
앉으면 화상을 입을 게 분명했다. 이러지도 저러지도 못하고
있는데 갑자기 문방구 문이 스르륵 열렸다. 그리고 임이 나와
손이 시릴 정도로 차가운 얼음 물수건 세 장을 건네주었다.
아이는 창문 밖 너머로 우리를 계속 지켜보고 있었던 것이었다.
어찌나 고맙던지 임에게 "컵쿤막카, 컵쿤막카."를 속사포 랩처럼
연거푸 내뱉으며 인사했다. 정말 고마워요, 정말 고마워요.

　　꼬사무이 바닷가 마을 문방구에서 만난 사랑스럽고 배려
많은 임 덕분에 내 소중한 엉덩이도 무사히 지키고 잊을 수 없는
추억도 만들 수 있었다.

컵쿤막카 ขอบคุณมากณค่ะ

태국의 문화를 엿볼 수 있는 도장이 가득한
꺼짝끄라완문방구

ก.จักรวาล

태국으로 이민을 와서 지낸 첫 동네는 방콕의 아리였다. 아리는 크고 작은 빌딩들이 촘촘히 밀집된 상업지구지만, 작은 골목 사이사이에는 소담스러운 카페와 레스토랑이 숨어 있어 과거와 현재가 공존하는 조용하고 아름다운 동네다.

아리의 작은 골목 쏘이 1에는 태국식 프라이드치킨인 까이텃 노점상이 있었다. 그래서 그 골목을 지날 때마다 늘 치킨 냄새가 유혹했는데 갈 때마다 다 팔리고 없어 먹어본 적이 없었다.

그러던 어느 날 몇 번의 시도에도 먹지 못한 게 억울해 '오늘은 저 프라이드치킨을 꼭 먹고야 말겠어!'라는 오기가 생겼다. 그래서 항상 가던 저녁 시간이 아닌 점심시간에 가게에 찾아갔다. 여전히 줄이 길게 늘어서 있었지만, 10분 정도 기다리자 까이텃을 영접할 수 있었다. 너무 큰 기대를 하면 실망도 큰 법. 기대를 살짝 내려 놓고 프라이드치킨 한 조각을 입에 베어 물었다. 그런데 이게 웬일일까? 갓 튀겨낸 닭 날개에서 치킨 광고에서나 들을 법한 바삭하는 소리가 나는 게 아닌가. 그러더니 튀김 옷과 닭의 육즙이 입안에서 어우러지면서 축제가 열리기 시작했다. 이 프라이드치킨을 이제야 먹다니, 이 맛을 알지 못했던 그동안의 시간이 너무 아쉬웠다.

다음 날, 어제의 프라이드치킨을 잊지 못해 다시 가게에 찾아갔다. 그런데 이날은 의외로 사람이 별로 없어 주인아주머니가 치킨을 튀기는 모습을 자세히 지켜보게 되었다. 그런데 아무리 보아도 특별한 비법이 있어 보이지는 않았다. 고개를 갸우뚱거리다가 나도 모르게 아주머니에게 질문했다. "이 프라이드치킨은 왜 이렇게 맛있어요? 특별한 소스가 들어갔어요?" 그러자 아주머니는 웃으며 대답했다. "이 프라이드치킨은 핫야이 지방의 방식으로 만들었어요." 그러고 보니 가게 위에 걸린 노란색 작은 간판에 '까이텃핫야이'라고 적혀 있었다. 며칠 후 원조 까이텃핫야이를 먹기 위해 나는 핫야이로 향했다.

방콕에서 비행기를 타고 출발한 지 1시간 30분 만에
핫야이국제공항에 도착했다. 비행기에서 내리자마자 방콕보다
덥고 습한 기운이 온몸을 감쌌다. 핫야이는 태국 최남단 지역에
위치한 도시로 말레이시아와 인접해 있으며 이슬람교를 믿는
신자가 많아 닭을 재료로 한 음식이 발달해 있다.
  숙소에 짐을 두고 핫야이가 고향인 친구가 알려준
재래시장으로 까이텃핫야이를 찾아 나섰다. 시장은 작고
허름했지만, 유명하다는 까이텃핫야이 가게에는 줄이
어마어마하게 길었다. 40분 정도 기다린 끝에 닭 다리와 날개가
적절히 섞인 까이텃핫야이 한 봉지를 손에 쥘 수 있었다.
그리고 따끈따끈한 치킨을 한 입 베어 문 순간, 너무 맛있어
그 자리에서 순식간에 다 먹어 버렸다. 그리고 핫야이에 있는
3일 동안 세 번이나 더 이 가게를 찾을 수밖에 없었다.

핫야이에서의 둘째 날, 지인이 추천해준 문방구에 가기 위해
내비게이션을 찍었다. 문방구 이름은 '꺼짝끄라완'. 우주라는 뜻을
지니고 있었다. 2003년에 문을 열어 18년 동안 이어오고 있는
곳이었다. 그래서 그런지 목적지에 도착해 본 간판의 '2003'이라는
숫자에서 신뢰감이 느껴졌다.

다양성이 공존하는 태국 남부 최대 도시
핫야이의 송클라 센트럴 모스크
(SongKhla Central Mosque).
태국에서 가장 규모가 큰 모스크다.

문방구 출입문을 열고 안으로 들어갔다. 1층에는 문구, 완구, 화구제품 들이 보기 좋게 진열되어 있었고, 2층은 창고로 쓰이고 있었다. 생각보다 규모가 큰 곳이었다. 문구 진열대 사이에서 유치원생 정도 되어 보이는 남자아이 둘이 깔깔 웃으며 게임을 하고 있었다. 주인아주머니가 조용히 하라고 손짓하는 걸 보니 이 가게 아이들 같았다.

꺼짝끄라완문방구를 한 바퀴 쭉 돌아보는데 도장 코너가 나왔다. 태국에서는 아직도 곳곳에서 도장을 많이 사용한다. 특히 관공서에서는 도장이 없으면 업무가 진행되지 않을 정도라고 할 수 있다. 태국에서 외국인으로 합법적으로 살아가려면 1년마다 한국 대사관과 이민국을 방문해 비자를 연장하고 각종 행정처리를 해야 한다. 이곳에서 살아가려면 당연한 일이지만, 귀찮고 번거로운 것도 사실이다. 그래서 태국의 관공서에 가는 일은 전혀 달갑지 않은데 유일한 즐거움이라면 공무원들의 책상 위에 놓인 색색의 나무 도장을 구경하는 것이다. 태국 관공서에서 주로 사용하는 도장은 고무도장인 '뜨라양'이다. 나무나 금속 등 다른 소재도 있지만, 뜨라양이 가성비는 물론 사용감도 좋아서인지 많이 볼 수 있다.

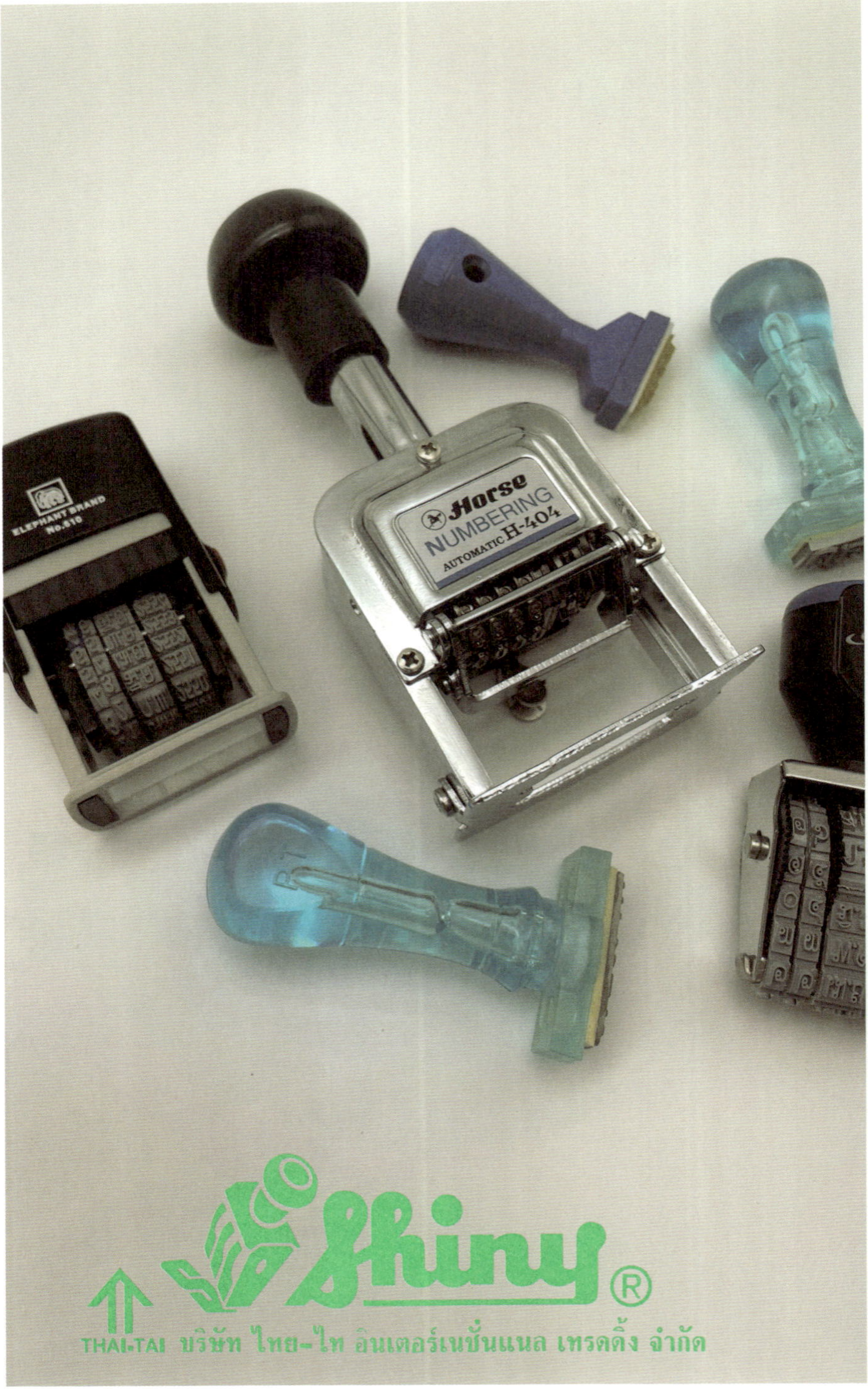
ELEPHANT BRAND
Horse
NUMBERING
AUTOMATIC H-404
Shiny®
THAI-TAI บริษัท ไทย-ไท อินเตอร์เนชั่นแนล เทรดดิ้ง จำกัด

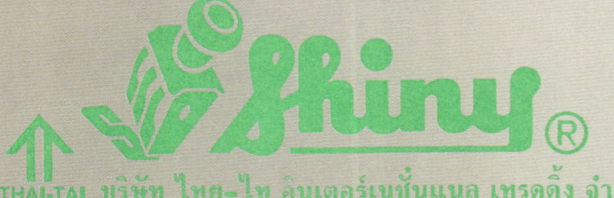

평소에 태국 문방구를 여행하며 도장도 많이 보긴 했는데 꺼짝끄라완문방구만큼 다양한 도장이 있는 곳은 처음이었다. 도장들은 모두 저마다의 의미를 지니고 있기 때문에 문방구에서는 그 의미에 따라 판매되는 도장도 다른 듯했다. 주인아주머니는 고무도장 브랜드로는 '트로닷' '호스' '원'이 있으며 가장 잘 팔리는 도장은 '아누맛' '욕륵' 도장이라고 했다. 아누맛은 승인, 욕륵은 취소라는 의미다. 많이 판매되는 만큼 어디에서나 자주 사용되고 있다고 할 수 있다. 이외에 서류에 원본이라는 의미로 찍는 '똔차밥' 도장과 공문서에 서명할 때 사용하는 카피라이트 용도의 '쌈나우툭떵' 도장도 잘 나간다고 했다. 이 도장들은 관공서 같은 공공기관에서 중요한 임무를 수행하고 있을 것이다.

도장 코너에서 수백 가지가 넘는 도장을 한참 흥미롭게
살펴보다가 눈에 띄는 도장을 발견했다. 긴급이라는 뜻의
'두언' 도장이었다. 태국 사람들은 정말 숨이 넘어가게 급한
경우가 아니라면 '빨리빨리'라는 말을 거의 입 밖으로 내뱉지
않는다. 그래서 태국 관공서에 가거나 행정적인 일을 처리할 때
속이 까맣게 타들어갔던 적이 한두 번이 아니었다. 모든 일을
일사천리로 빠르게 처리할 수 있는 한국에서 온 나는 처음에
한국의 빨리빨리 문화와는 정반대인 태국의 '싸바이싸바이'
문화에 적응하느라 애를 먹었다. 싸바이싸바이는 느긋하고
걱정 근심 없는 태국인의 생활 문화를 통칭하는 문화적 용어다.
그렇기 때문에 나는 태국에 살면서 '빨리빨리' 또는 '급하게'라는
이야기를 별로 들어본 적이 없다. 그런 태국에서 두언 도장은
도대체 어디에 쓰일까?

  두언 도장 옆에는 한술 더 떠 매우 긴급이라는 뜻의 '두언막'
도장이 있었고, 또 그 옆에는 두언 시리즈의 정점을 찍는
매우 매우 긴급이라는 뜻의 '두언티쑷' 도장도 있었다. 느긋하게
돌아가는 태국 생활에서 이런 비현실적인 도장들을 보고 있으니
놀랍고 재미있었다. 이 도장들은 갖고 있다가 정말 급한 순간에
비장의 카드로 사용해야겠다 싶어 조용히 장바구니에 넣었다.

문방구에는 이외에도 드르륵드르륵 소리를 내며 숫자판을 손으로 돌려 매일매일 날짜를 바꿔서 찍는 '뜨라양완티(ตรายางวันที่)'라고 부르는 일별 고무도장도 있었다. 초등학생 때 다이어리를 꾸밀 때면 일별 고무도장을 자주 사용했는데 오랜만에 멀리 태국에서 조우하니 초등학교 친구를 우연히 만난 것마냥 반가웠다. 그리고 또 한쪽에서 '크르앙띠버(เครื่องตีเบอร์)'라는 넘버링 도장도 발견했다. 001부터 999까지의 세 자릿수 숫자와 0001부터 9999까지의 네 자릿수 숫자를 찍을 수 있는 도장으로 주로 서류에 사용된다고 문방구 주인아주머니가 알려주었다.

뜨라양완티   ตรายางวันที่

문방구를 다 돌아보고 계산대에 열심히 고른 문구를 전부
펼쳐놓으니 도장만 수십 가지였다. 그 모습에 주인아주머니는
의아한 표정을 지으며 이 많은 도장을 어디에 쓸 거냐고 물었다.
나는 태국 문방구를 여행하며 도장을 모으고 있다고 대답했다.
그러자 아주머니는 신기하다며 거북이가 그려진 귀여운 도장
하나를 서비스로 넣어주었다.

 핫야이 치킨으로 강렬하고 맛있게 시작한 이번 여행은
꺼작끄라완문방구를 통해 지금까지 몰랐던 태국의 또 다른 면을
알게 된 여행이기도 했다. 과연 두언 도장을 사용해볼 날이 정말로
올까? 그날을 기다리며 귀여운 거북이 도장과 함께, 문구로 태국의
문화까지 들여다본 핫야이 여행을 기분 좋게 마무리했다.

부록

태국 곳곳에서
역사와 문화가 담긴 문구를 찾아봅시다

1. 미술관 아트숍

세계의 여러 나라를 구경할 때마다 꼭 들르는 곳이 있습니다. 바로 그 도시의 미술관입니다. 전시를 보기 위해 미술관에 갈 때도 있지만, 대부분은 미술관 아트숍에 가기 위해서인데요. 미술관이라는 공간은 그 나라와 도시의 역사를 반증하는 곳이기 때문에 미술관 아트숍에서 판매하는 상품에는 그러한 상징이 잘 드러나는 특별한 문구 상품들을 만날 수 있습니다.

　　방콕에는 태국을 대표하는 미술관으로 '뮤지엄쎄얌(Siam Museum)'과 '모카방콕현대미술관(MOCA Bangkok)' 그리고 'BACC 미술관(Bangkok Art and Culture Centre, BACC)'이 있습니다. 이 미술관들의 아트숍에는 미술관 로고가 새겨진 필기구류를 비롯해 다양한 문구 상품이 판매되고 있습니다.

　　먼저 뮤지엄쎄얌의 아트숍은 보여주기식의 구성이 아닌 미술관의 콘셉트와 태국의 역사, 문화, 트렌드를 잘 반영한 상품들이 준비되어 있습니다. 그래서 태국인도 흥미를 갖고 공감할 수 있는 문구 상품이 많아요. 그 예로 방콕의 8번 버스를 모티브로 한 캔버스 재질의 가방과 배지를 들 수 있는데요. 캔버스 가방 전면에는 '패스트앤드퓨리어스(FAST & FURIOUS No 8)

8번'이라는 문구가 크게 적혀 있습니다. 방콕에서 8번 버스는 사람들이 타는 것을 두려워할 정도로 운전이 난폭하기로 유명해요. 이런 사회적 배경을 재미있게 풍자한 디자인 문구 상품을 발견할 수 있는 곳이 바로 뮤지엄쎄얌의 아트숍입니다.

다음으로 모카방콕현대미술관은 태국을 대표하는 현대 미술관으로 그 규모가 엄청나게 큽니다. 태국의 저명한 예술가들의 작품이 전시되어 있어 가치가 높은 곳이기도 한데요. 아트숍은 주로 태국의 전통 패턴, 의상에서 모티브를 가져온 상품들로 구성되어 있습니다. 가벼운 문구 상품보다는 소품, 의상, 장신구 등 가격대가 있는 제품으로 구성이 집중되어 있어 선물하기 좋은 제품을 만날 수 있습니다.

마지막으로 BACC 미술관의 아트숍입니다. BACC 미술관은 방콕 중심지 쎄얌에 있고 근처에 쭐라롱껀대학교 등 학교가 많아 젊은 층이 많이 찾는 곳입니다. 그래서 그런지 이 미술관의 아트숍에는 캐릭터 상품이 많아요. 태국을 상징하는 다양한 모티브의 엽서와 카드도 판매하고 있어 외국인 관광객의 발길도 끊이지 않는 곳입니다.

2. 디자이너 편집숍

태국은 다양한 민족이 함께 어우러져 살아가는 나라로 여러 나라의 문화와 신념이 한데 모여 있습니다. 게다가 젊은 층의 비율이 높아 다른 나라에서는 볼 수 없는 '태국 젊은이'만의 고유한 창작물이 탄생하기도 합니다. 태국의 예술가, 디자이너, 일러스트레이터, 작가 들은 저마다 다른 목소리로 세상과 소통하며 작품을 만들어내기 때문에 그들의 손을 거친 디자인 문구는 훌륭한 제품이 많아요.

디자이너 편집숍 '해프닝숍'(happening shop)은 BACC 미술관 안에 있는데요. 태국의 젊은 일러스트레이터, 디자이너 들이 만든 독특한 디자인의 노트, 엽서, 필기구, 소품 등을 판매합니다. 이곳은 갈 때마다 항상 태국의 젊은이와 외국인으로 북적거렸던 곳이에요.

다음으로 '마무앙숍'(Mamuang Shop)입니다. 마무앙숍은 태국을 대표하는 캐릭터 일러스트레이터 '위수트 폰니미트'(วิสุทธิ์ พรนิมิต, Wisut Ponnimit)가 2021년 오픈한 편집숍입니다. 마무앙 캐릭터는 태국은 물론 일본, 한국에도 마니아가 있을 정도로

유명한데요. 저는 처음 이 마무앙숍에 들어섰을 때의 감동을 아직도 잊을 수 없어요. 작고 귀여운 마무앙들이 촘촘하게 공간을 메우고 있는 걸 보고 그만 환호성을 지를 뻔했거든요. 마스킹 테이프, 메모지, 수첩, 볼펜, 파일, 스티커 등 다양한 문구 제품이 판매되고 있었는데 제품이 정말 앙증맞고 귀여워서 어떤 것부터 골라야 할지 몰라 한참을 매장 안에서 서성거려야 했어요. 마무앙숍에 가시면 지갑이 술술 열리는 경험을 하실 테니 마음을 단단히 먹고 가셔야 할 거예요.

마지막으로 소개할 곳은 '그레이래이 스테이셔너리(GREY RAY STATIONERY)'입니다. 태국의 디자인 문구를 대표하는 브랜드 '그레이래이'의 대표인 '찬찰라드 칸짜나웡'(คุณชาญฉลาด กาญจนวงศ์, Chanchalad Khanjanawong)이 2021년에 연 편집숍입니다. 그레이래이는 태국의 거의 모든 백화점과 편집숍에 입점해 있을 만큼 영향력이 있는 브랜드로, 굿디자인(GOOD DESIGN) 마크를 받을 만큼 세련된 디자인으로 유명해요. 쇼룸 형태로 구성된 그레이래이 스테셔너리에서 그레이래이 대표의 수준 높은 취향을 즐겨 보는 것도 좋은 경험이 되겠지요.

3. 우체국 기념품숍

저에게는 여행을 마무리하는 저만의 방법이 하나 있는데요. 바로 여행한 지역의 우체국에 가서 우체국 편지지에 편지를 쓰고 우표를 붙여 보내는 것입니다. 낭만적이기도 하고 그 나라에서만 할 수 있는 특별한 경험이라고 생각하기 때문이에요.

    태국 우체국의 기념품숍에서는 우표, 주화, 엽서, 편지지, 티셔츠, 우체통 모양의 저금통 등을 판매해요. 특히 우표를 판매하는 곳에 가면 오랫동안 변화해온 태국 우표의 역사를 보실 수 있어요. 태국 국왕의 얼굴이 새겨진 우표부터 시작해 전통 간식 그림이나 태국을 대표하는 물고기 사진이 들어간 우표 등 그 종류가 아주 다양합니다. 방문해보면 좋을 우체국으로는 두 곳을 추천하고 싶은데요. 태국 우표의 변천사가 궁금하다면 방콕 '프라카농우체국'을 방문하면 좋고, Phra Khanong Post Office
오래된 우체국의 클래식한 멋을 느끼고 싶다면 방콕 방락지역에 บางรัก, Bang Rak
있는 '방콕 중앙우체국지점'이 좋아요. 방콕 중앙우체국지점의 건물은 Bangkok Grand Postal Building
아르데코 양식의 영향을 받아 섬세하면서도 웅장한데요. 태국 대학생들이 이 우체국을 배경으로 졸업 사진을 많이 찍기도 해서 운이 좋으면 그 모습도 함께 볼 수 있답니다.

(ภาคผนวก)

Khon Kaen ขอนแก่น
Kalasin กาฬสินธุ์

다섯 번째 여행지

콘깬
깔라신

❖ 55년 동안 지역 주민과 함께해온 쏙사판콘깬문방구

❖ 소도시의 소소한 즐거움이 가득한 깔라신 문방구 거리

❖ 부록. 지성이 넘치는 대학교 서점 문방구로 문구 여행을 떠나봅시다

**55년 동안 지역 주민과 함께해온
쓱사판콘깬문방구**

ศึกษาภัณฑ์
ขอนแก่น

2020년부터 시작된 코로나19 팬데믹. 태국에서도 다른 나라와 마찬가지로 제한된 생활이 계속되고 있었다. 얼마 전까지는 지역 간 이동이 가능했지만, 2021년 5월부터는 방콕에 사는 사람들이 타지역으로 이동하려면 격리 기간을 거쳐야 한다는 새로운 규칙이 생겼다. 같은 태국 땅 안에서도 마음대로 다닐 수 없어 답답한 날들이 이어지고 있었다.

 그로부터 5개월이 지난 10월, 태국 정부에서 백신 2회 접종자는 지역 간 이동이 가능하다고 발표했다. 나는 그 소식을 듣자마자 곧장 콘깬으로 가는 비행기를 예매했다. 콘깬은 방콕에서 비행기로 50분 남짓이지만 자동차로는 약 8시간 정도 소요된다. 8시간이면 방콕에서 치앙마이까지도 갈 수 있는 시간이다. 코로나19 팬데믹 이전에는 한 달에 한 번씩 꼭 방문하던 콘깬을 이번에는 반년 만에 찾았다. 그사이 콘깬공항은 오랫동안 진행하던 확장 공사가 끝나 본격적으로 국제공항의 역할을 하기 위한 준비를 마친 상태였다.

 태국을 자주 찾는 여행객에게 친숙한 도시라면 방콕, 치앙마이, 푸켓일 것이다. 그에 비해 콘깬이나 우돈타니를 비롯해 우본라차타니 등이 속한 태국의 북동부지역 '이산'은 조금 생소할지도 모르겠다. 하지만 2021년 7월 태국 영화 《랑종》이 한국에서 개봉하면서 이산지역에 대한 관심도가 높아지고 있다는 소식을 들었다. 《랑종》이 이산의 소도시를 배경으로 한 영화였기 때문이다.

이산지역 주민의 상당수는 라오스어의 방언인 이산어를 사용한다. 그래서 이 지역에서 가장 규모가 크고 역사가 깊은 콘깬대학교^{มหาวิทยาลัยขอนแก่น, Khon Kaen University}에는 오래전부터 이산어학과가 개설되어 있어 이산어를 지키기 위한 연구를 꾸준히 해오고 있다.

    콘깬은 이산지역에서 가장 발전한 도시로 태국 최대 규모의 센트럴월드백화점이 있으며 태국크리에이티브디자인센터^{Thailand Creative Design Center, TCDC}가 방콕, 치앙마이에 이어 세 번째로 설립된 곳이다. 태국 정부는 콘깬을 위성도시로 만들기 위해 오래전부터 다양한 노력을 해오고 있다.

오랜만에 방문한 콘깬에서 찾은 곳은 '쓱사판콘깬'이라는 이름의
문방구였다. 쓱사판은 '교육을 받다' '연구하다' '다양한 제품' 등
여러 의미가 조합된 말이다. 그래서일까? 이름 자체에서 신뢰감과
전문성이 느껴졌다.

사실 태국에서는 쓱사판이라는 이름의 문방구가 많다.
그렇다고 모든 문방구가 다 한 회사는 아니다. 처음에는 어디를
가든 쓱사판이라는 이름의 문방구를 볼 수 있어 굉장히 큰 회사인
줄 알았다. 하지만 쓱사판은 누구나 사용할 수 있는 고유명사로
같은 이름을 사용해도 문제가 되지 않는다는 사실을 나중에 알았다.
'같은 이름의 문방구가 많다면 서로 다른 회사라는 걸 어떻게
구분할까?' 이런 궁금증이 있었는데 알고 보니 브랜드 로고나
색깔이 조금씩 달랐다.

쓱사판콘깬문방구는 콘깬에 사는 친구들이 그 지역 사람이라면
누구나 아는 문방구라면서 추천해준 곳이었다. 사실 2년 전부터
가고 싶던 곳이었는데 콘깬에는 문방구 휴무일인 주말을 끼고
갔기 때문에 늘 방문하지 못했다. 하지만 이번에는 여행을 평일로
계획해서 오매불망 기다리던 쓱사판콘깬문방구 여행을 드디어
할 수 있게 되었다.

쏙사판콘깬문방구는 1966년에 문을 열고 1985년 현재의 위치로
이전해 지금까지 같은 자리를 지키고 있었다. 문방구 규모가
상당히 컸는데 콘깬의 상징물인 시계탑의 맞은편 한 구역이
모두 이 문방구의 건물이었다. 건물은 총 세 개 동으로 문방구 동,
배송 및 운송 관련 동, 서점 동과 함께 주차장이 있었다. 안에는
커뮤니티 공간과 여기저기 작은 식당이 있었을 듯한 공간도
있었지만, 지금은 상가 곳곳이 비어 있었다. 예전에는 굉장히
활기찬 곳이었는데 지금은 휑한 분위기여서 아쉽다고 한 친구의
이야기가 떠올랐다.

    쏙사판콘깬문방구는 그동안 태국에서 만난 여타 문방구와는
비교도 안 될 정도로 어마어마하게 컸다. 그 안을 다양한 문구와
학습 도구가 꽉 채우고 있었다. 마치 '문방구의 대부'를 만난
느낌마저 들었다. 눈이 휘둥그레진 채 문방구 곳곳을 살펴보기
위해 발걸음을 옮겼다.

บริษัท
ศึกษาภัณฑ์ขอนแก่น
จำกัด

ธนาคารไอซีบีซี (ไทย)
Tel. 02-629-5588
Nice Shop
อาคาร 3

거대한 문방구를 한쪽에서부터 둘러보다가 저금통 코너를
발견했다. 그런데 그곳에 푸미폰 아둔야뎃 라마 9세 국왕의
얼굴이 그려진 원통형의 저금통이 있는 게 아닌가? 태국 지폐에는
발행 당시의 국왕 얼굴이 인쇄되므로 지폐를 훼손하면 안 된다는
이야기를 들은 적이 있었다. 그래서 저금통을 보며
'전 국왕의 얼굴을 사용해 제품을 만들어도 되나?' 의문이 들었다.
    1층 공간을 둘러보고 2층에 올라가려는데 직원 한 명이
나를 붙잡았다. "어느 도매상에서 오셨어요?" 이런 질문을 받을
거라고 어느 정도 예상은 하고 있었다. 태국 전역의
문구 도매상과 소매상이 이곳 쏙사판콘깬문방구에서 제품을
떼어다가 판매한다는 이야기를 들었기 때문이었다.
"콘깬에 여행을 왔는데 이곳이 유명한 문방구라고 들어서
오게 되었어요."라고 대답하자 직원은 웃으면서 필요한 게 있으면
물어보라면서 나에게서 멀어졌다.

2층은 1층과는 분위기가 달랐다. 1층에는 문구류가 많았지만 2층에는 학습 교재와 교구가 많았다. 과학실에서 사용하는 다양한 실험 도구와 음악 시간에 사용하는 갖가지 악기가 자리하고 있었다. 이곳저곳 구경하다가 10년 정도는 이곳에 있었을 듯한 분홍색 리코더를 발견했다. 고등학교 이후 처음 보는 리코더여서 반가운 마음마저 들었다. 색이 바래 있었지만, 그래서 더 마음에 들었다. 리코더를 그대로 장바구니에 담았다.

초등학생 시절이 떠오르는 재미있는 제품도 눈에 들어왔다. 바로 생활기록부 공책이었다. 초등학교 학년말에는 항상 A4 크기의 종이를 반으로 접은 생활기록부를 받았는데 학년별로 종이의 색감과 재질이 달랐다. 태국 생활기록부도 초등학교, 중학교 그리고 학년별로 다른 색상으로 구분되어 있었다. 내용을 훑어보니 '본인은 친구와 잘 어울리는 성향인가?' '숙제를 밀리지 않고 하는가?' '학교생활에는 얼마나 만족하는가?' 등 구체적이고 예리한 질문들이 적혀 있어 보는 내내 흥미로웠다.

학년별 생활기록부 공책

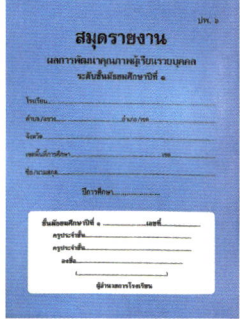
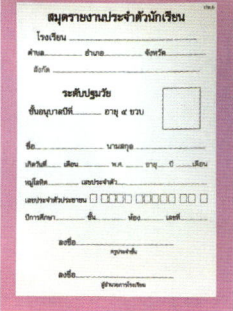
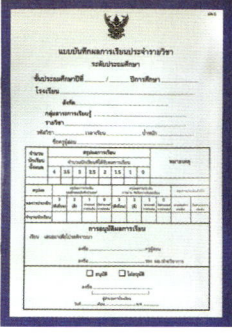

쓱사판콘깬문방구를 구경하며 많은 생각이 스쳤다. 온라인 상점이 우후죽순 생겨나고 유통 방식이 변화해 쓱사판콘깬문방구의 규모는 예전보다 작아졌다고 한다. 그 이야기에 안타까운 마음도 들었다. 하지만 문방구 곳곳에 켜켜이 쌓여 있는 그곳의 역사는 그 어떤 것으로도 대체할 수 없는 소중한 것이었다. 모든 것이 빠르게 변하는 시대에 옛 문방구의 모습을 그대로 이어가고 있는 이곳은 어쩌면 시대를 역행하고 있는지도 모른다. 하지만 문방구의 본질을 잃지 않고 55년이라는 시간 동안 뚝심 있게 한 자리에서 문방구를 지켜오고 있는 것은 정말 대단하다.

    과거에도 지금도 콘깬의 자랑인 쓱사판콘깬문방구. 지금까지 지나온 시간에 앞으로의 시간이 더해지면 멀지 않은 미래에 문방구계의 레전드가 되어 있지 않을까?

소도시의 소소한 즐거움이 가득한
깔라신 문방구 거리

นานาบุ๊คสโตร์
ศึกษาภัณฑ์กาฬสินธุ์

태국의 소도시 여행은 늘 설렌다. 거대한 도시 방콕에서는 만날 수 없는 소도시만의 소박한 아름다움과 평온하고 소소한 이야기들을 발견할 수 있기 때문이다. 그리고 그 이야기들이 태국 생활에 크고 작은 떨림과 울림이 되어 일상을 위로해준다.

 이산지역의 두 번째 문방구를 찾기 위해 '깔라신'이라는 소도시로 떠났다. 깔라신은 콘깬에서 북동부 쪽에 위치한 곳으로 태국에서 3년을 생활했지만, 최근에서야 알게 되었다. 어떤 느낌의 도시일까?

깔라신지역의 문방구는 비교적 쉽게 정할 수 있었다. 검색 사이트로 찾은 흥미로워보이는 문방구와 콘깬에 사는 친구가 추천한 문방구가 같았기 때문이다. 이렇게 딱 맞아떨어지는 순간은 늘 짜릿하다.

 콘깬에서 차로 1시간을 달려 깔라신 시내에 도착했다. 처음에는 시내치고 너무 고요하고 적막해 조금 어리둥절했지만, 주변에 시장과 은행, 병원이 있으니 분명 시내가 맞았다. 그리고 어렵지 않게 시내에 있는 문방구 거리를 찾을 수 있었다. '문방구 거리'라고 했지만 사실 문방구는 두 군데뿐. 한 구역에 오래되어 보이는 두 문방구가 나란히 있었다. 그 모습이 마치 사이 좋은 형제를 보는 것 같아 귀엽기까지 했다. 이제 어떤 문방구에 먼저 갈지 골라야 할 차례다. 그리고 나는 망설이지 않고 문방구 이름이 조금 더 끌리는 곳을 선택했다.

첫 번째로 간 문방구는 '나나북스토어'로, 서점과 문방구를 함께
운영하는 곳이었다. 문방구 밖 좌판에는 각종 태국 신문과 잡지가
어지럽게 놓여 있었다. 정돈된 듯 정돈되지 않은 모습이었지만,
그마저도 정겨웠다. 좌판에 놓인 신문을 보고 있으니 기사 제목의
굵직한 서체가 위풍당당하면서 더욱 강한 메시지를 전달해주는
듯했다.

지면 위에 펼쳐지는 텍스트는 확실히 컴퓨터 화면으로 볼
때보다 더 강렬하게 다가온다. 신문을 넘길 때 느껴지는 촉감과
냄새 또한 그 어떤 매체도 따라갈 수 없을 정도로 매력적이다.
그래서 나는 아직도 종이로 된 책, 잡지, 신문 등이 너무나
사랑스럽다.

신문을 펼쳐 한참을 보다가 문방구로 들어갔다. 그런데
어디서 익숙한 말이 들려왔다. 주위를 둘러보니 텔레비전에서
한국 사극이 방영되고 있었다. 태국의 소도시에서 한국 사극과
마주하게 될 줄이야! 오랜만에 보는 한국 방송이 반가웠다. 그리고
한국 콘텐츠가 태국인에게 많은 관심을 받고 있는 듯해 마음이
뭉클해졌다.

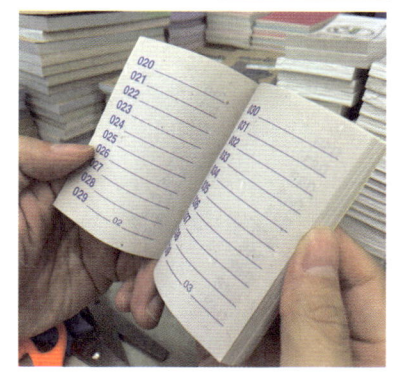

나나북스토어에는 어떤 필기구들이 있는지 살펴보는데 조금 전과는 또 다른 반가운 한국어를 발견했다. 볼펜 테스트 용지에 '안영하세요'라고 서툰 한국어가 쓰여 있었던 것이다.

요즘 태국 젊은이들이 한국어를 많이 배우고 있다고 들었고 실제로 내 친구들 중에도 기본적인 한국어를 구사할 줄 아는 이들이 점점 많아지고 있다. '안영하세요'라는 서툰 다섯 글자 덕분에 다시 마음이 뜨거워졌다.

나나북스토어는 크지 않은 문방구여서 다 둘러보는 데 시간이 오래 걸리지 않았다. 그런데 그 와중에도 내 예리한 눈에 들어온 것이 있었다. 칼자루처럼 생긴 특이한 물건이었다. 그 물건은 쏙사판콘깬문방구에서도 본 적이 있었다. 어디에 쓰는 물건인지 궁금해 주인아주머니께 물어보니 '끄라비'라고 하는 검이었다. 아주머니는 끄라비를 무기로 사용하는 무술 끄라비끄라봉이 무에타이만큼이나 유명한 태국 전통 스포츠라면서 직접 시범까지 보여주었다. 그 모습이 참 유쾌했다. 문방구를 돌아다니다 보면 그동안 알지 못했던 태국 문화와 접하는 기회도 생기니 재미있다.

꼬리비꼬리봉 경기 장면

메모지 코너에서 인기 있는 고양이 일러스트 메모지도 발견했으니 이제 옆 문방구로 가야겠다 싶어 나나북스토어를 나서려는 순간, 또 정체를 알 수 없는 물건이 내 발걸음을 멈추게 했다. 바로 출입구 뒤편 책장 안에 빼곡하게 꽂혀 있는 종이들이었다. 종이 한 묶음을 뽑아 보니 숫자들이 적혀 있었다. 또다시 유쾌한 주인아주머니에게 어디에 사용하는 종이냐고 물었더니 아주머니는 복권 당첨 번호를 뽑는 종이라고 가르쳐주었다.

　　태국은 언제, 어디서든지 복권을 정말 쉽게 살 수 있다. 음식점에서 밥을 먹고 있으면 복권 장사가 와서 복권을 팔고 갈 정도다. 많은 태국인이 일확천금을 꿈꾼다고 하니 그만큼 복권 수요가 높다고 할 수 있다. 하지만 일확천금을 원하는 것이 비단 태국인뿐이겠는가?

　　호탕하고 유쾌한 주인아주머니 덕분에 즐거웠던 나나북스토어에서의 시간을 뒤로 하고 이제 이곳과는 전혀 다른 분위기의 두 번째 목적지로 탐험을 떠나기 위해 밖으로 나섰다.

두 번째 문방구의 이름은 '쏙사판깔라신'. 또 다시 쏙사판과
만나게 되었다. 콘깬에서 만난 쏙사판콘깬문방구와 이름은 같지만,
전혀 다른 쏙사판문방구다. 이쯤 되니 태국에는 도대체 몇 개의
쏙사판문방구가 존재하는지 궁금해질 정도다.

    쏙사판깔라신문방구는 마치 깔라신 시내를 보는 것처럼
단정하고 고요했다. 그리고 문방구 전체에 노란 필터를 낀 듯
빛바랜 느낌이 들었다. 문방구 규모는 옆집인 나나북스토어와
비슷했지만, '쏙사판'이라는 이름답게 교구가 다양했다.

    먼저 교복에 붙이는 학년별 배지가 눈에 들어왔다.
보이스카우트 활동에 사용하는 탐험가 모자도 보였다.
초등학생 시절 이후로 오랜만에 마주한 물건들이었다.
그래서 보자마자 당시의 소소했던 추억들이 금세 소환되었다.
물건을 통해 과거로 이동하는 순간은 아련하다고 해야 할까,
말로는 설명하기 어려운 그 무언가가 있다.

    문방구를 찬찬히 둘러보다가 처음 보는 서식을 발견했다.
경매할 때 사용하는 봉투로 대와 소, 두 종류로 되어 있었다.
직원에게 물어보니 원하는 금액을 적은 종이를 이 봉투에 넣어
우체국에서 기관으로 보내 제출한다고 했다.

    경매하는 상황을 상상해보았다. 금액을 적을 때 얼마나 많은
고민을 할까? 기분은 어떨까? 하지만 요즘은 경매도 온라인으로
할 수 있기 때문에 지금은 거의 사용되지 않는다고 했다.

모든 일을 온라인에서 할 수 있는 현대 사회는 정말 편리하다. 반면 아날로그 감성은 기술에 반비례해 혹은 그보다 더 빨리 사라지는 것 같다. 그게 늘 아쉽다.

문방구를 한 바퀴 둘러보는데 반 층 정도 위로 올라가는 계단이
나왔다. 계단을 올라가니 책으로 가득한 공간이 있었다. 책장에는
주로 교과서가 많이 꽂혀 있었고 구석에는 오래된 책들이
어지럽게 쌓여 있었다. 그 안에서 태국어판 『라이온 킹』을
집어 뽀얗게 쌓인 먼지를 툭툭 털고 펼쳐보았다. 태국어로 쓰인
『라이온 킹』은 영어로 쓰인 책보다 서체가 동글동글해 훨씬
귀엽게 느껴졌다. 같은 내용이더라도 사용한 언어가 달라지면
분위기 또한 전혀 달라지기 마련이다.

    이제 돌아가야 할 시간. 쓱사판문방구 곳곳에서 찾아낸
문구들을 계산대 위에 늘어놓았다. 그중에는 태국어 키보드 자판
스티커가 있었는데 오래되어서 그런지 제품 코드가 인식되질
않았다. 주인아주머니는 조금 고민하는 듯하더니 그냥 가져가라고
했다. 그리고 경매용 종이봉투도 지금은 사용하지 않는 물건이라
판매하지 않는다며 값을 치르지 않아도 된다고 덧붙였다.
그 말에 고마운 마음도 잠시 들었지만, 마음에 드는 물건을
공짜로 가져간다는 게 도무지 내키질 않았다. 그래서 조금이라도
보답하고 싶어 계산대 근처에 있던 스카치테이프와 물풀을 집어
들었다. 그리고 아주머니에게 "이것들은 바코드 인식이 되는
것들이죠?"라며 웃으면서 이야기했다. 다행히 두 물건은 경쾌하게
삑 소리를 냈다. 바코드 소리가 이렇게 반가울 줄이야.

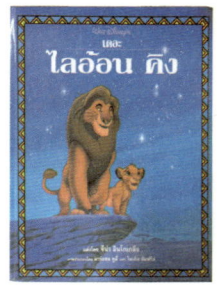

깔라신에서 반나절 동안 두 곳의 문방구를 돌아보았다. 소박한 동네에서의 소소하고 즐거운 문방구 여행이었다. 마지막에 들른 쓱사판문방구를 나서는데 문득 태국에서 문방구 여행을 한 게 정말 잘한 일이라는 생각이 들었다. 만약 내가 태국 문방구 여행을 시작하지 않았다면 오늘과 같은 즐거운 순간들과 마주할 수 있었을까? 그리고 태국을 이렇게 자세히 들여다볼 수 있었을까? 가슴이 벅차올랐다. 앞으로 어떤 문방구 이야기와 만나게 될지, 다시 개성 넘치는 문방구들을 찾아다닐 그 시간이 벌써부터 기다려진다.

부록

지성이 넘치는 대학교 서점 문방구로 문구 여행을 떠나봅시다

다른 나라의 도시를 여행할 때 문방구와 서점 외에도 방문하는 곳이 있습니다. 바로 그 도시를 대표하는 대학교인데요. 대학교에서는 5월의 풋풋한 잔디 내음이 가득한 느낌이 들어요. 그래서 학교를 졸업한 뒤에도 종종 주변 대학교를 찾곤 합니다.

태국에서 지내는 지금도 대학교를 찾아다니면서 그곳의 서점 문방구도 함께 방문하는데요. 태국 대학교의 서점 문방구를 소개하기 전에 태국 대학교 문방구의 몇 가지 특징을 먼저 이야기할게요.

먼저 태국은 대학교에서도 교복을 입는 문화가 있어 대학교 문방구에서 교복과 함께 각 대학의 상징물을 배지로 만들어 판매합니다. 교복은 학교 관계없이 남녀 모두 하얀색 상의에 검은색 하의로 정해져 있기 때문에 각 학교의 로고와 상징으로 만들어진 허리띠와 배지로 학교를 구분해요. 교복은 태국에서 신분과 '소속'을 나타내며 '지식인'임을 알려주기도 합니다.

또 다른 특징은 캐릭터 배지를 판매한다는 것입니다. 대학교에서 캐릭터 배지를 판다니 좀 신기하지요? 여학생 중에는 교복 치마 벨트에 좋아하는 캐릭터 배지를 줄줄이 달고 다니는 학생도 있다고 해요.

1. 쭐라롱껀대학교 서점 문방구

태국의 대학교 문방구 가운데 먼저 소개할 곳은 방콕의 중심부 쎄얌에 있는 쭐라롱껀대학교의 서점 문방구입니다. 태국 최고의 명문 국립대학교인 쭐라롱껀대학교는 넓고 광활한 캠퍼스에 100년 전에 지어진 건물을 그대로 사용하고 있어 외국인 관광객이 많이 찾는

쭐라롱껀대학교의
심볼 배지

관광지이기도 합니다. 제가 쭐라롱껀대학교의 서점 문방구를 처음 방문한 게 2019년이었는데요. 이후 코로나19 팬데믹으로 문을 닫고 새단장해 2021년에 다시 문을 열었습니다. 처음 방문했을 때는 생명과학 본과 맞은편 건물 지하에 있었고 주 출입구에는 쭐라 핑크로 칠해진 간판이 있었어요.

    새단장한 쭐라롱껀대학교 서점 문방구는 대학교 안에 있는 영국문화원(British Council) 건물 1층으로 자리를 옮겼는데요. 새로운 서점 문방구에 들어선 순간, 분위기가 한국의 대형 서점들처럼 세련되게 바뀌어 있었습니다. 그래서 이전의 서점 문방구가 맞는지 의문이 들 정도였어요. 입구에 걸린 간판이 없었다면 몰라볼 정도였지요. 넓은 매장에는 각종 전공 관련 서적과 문구 제품이 가지런히 정돈되어 있었고 대학교 기념품도 이전보다 종류가 더 많아져 있었습니다.

새단장 이전(위)과 이후(아래)의 쭐라롱껀대학교 서점 문방구

매장이 흠잡을 것 없이 깔끔해져 좋았지만, 한편으로는 다른 감정도 생겨났어요. 예전에는 곳곳에 연기처럼 피어나고 있던 곰팡이와 퀴퀴한 냄새, 교복을 입고 조금은 무서운 표정을 짓고 있던 오래된 마네킹이 있었는데 지금은 어디에서도 찾아볼 수 없었거든요. 그동안 차곡차곡 쌓아왔을 세월의 흔적이 그대로 사라져 섭섭했습니다.

누군가는 이전의 오래된 모습을 좋아하고 그리워할 것이고 다른 누군가는 현재의 세련된 모습을 좋아하겠지요. 저는 예전의 모습이 사라져 아쉬웠지만, 1980년대에 생긴 오래된 대학교 서점 문방구의 과거와 현재를 모두 볼 수 있었던 것은 좋은 경험이었습니다.

2. 탐마삿대학교 서점 문방구
มหาวิทยาลัยธรรมศาสตร์, Thammasat University

다음으로 탐마삿대학교의 서점 문방구를 소개할게요. 탐마삿대학교는 명문 국립대학교로 한국 대학생이 교환 학생으로 많이 오는데, 방콕의 유명 사원 '왓마하탓' 근처에 있어 외국인 관광객도 자주 들르는 곳이에요. 탐마삿대학교의 서점 문방구는 2층으로 이루어져 있는데요. 1층에서는 각종 대학교 교재와 원서를 판매하고 2층은 문구로 구성되어 있습니다. 이 학교의 상징은 달마의 수레바퀴인 '달마차크라'로 노란색과 빨간색이 상징색입니다. 기념품 대부분에 이 문양이 새겨져 있고 학교 로고에도 사용되고 있어요.
วัดมหาธาตุยุวราชรังสฤษฎิ์ราชวรมหาวิหาร, Wat Mahathat
Dharmacakra

부록

3. 콘깬대학교 서점 문방구
มหาวิทยาลัยขอนแก่น, Khon Kaen University

마지막으로 소개할 곳은 콘깬대학교의 서점 문방구입니다. 이산지역에 있는 콘깬대학교는 학교 안을 걸어서 이동하기가 어려울 만큼 그 규모가 어마어마합니다. 그래서 캠퍼스에서 학생들이 오토바이를 타고 다니는 모습을 쉽게 볼 수 있어요. 콘깬대학교의 서점 문방구는 3층으로 되어 있는데 학교만큼 서점 문방구도 규모가 큽니다.

콘깬대학교를 상징하는 심볼의 형태는 태국 농카이지역에 있는 หนองคาย, Nong Khai
พระธาตุ, Phra That Phanom
'프라탓파놈' 파고다를 형상화한 것입니다. 콘깬지역의 붉은 토양 색을 나타내는 적벽돌색으로 되어 있습니다. 콘깬대학교의 서점 문방구에서 판매하는 노트, 천 필통, 텀블러 커버 등은 이산에서 흔히 ผ้าขิด, Khit weaving
볼 수 있는 색색의 줄무늬 패턴인 '파킷'으로 디자인되어 있었는데요. 과거에 비단옷에만 넣던 패턴을 오늘날 다양한 상품에 적용해 판매하고 있었습니다.

ภาคผนวก

에필로그　　　　　**태국 문방구 여행에서
　　　　　　　　　　돌아오며**

태국에서 지내온 지난 3년 동안 이 책 『태국 문방구』에 실린 문방구 외에도 정말 많은 문방구를 여행했습니다. 어떤 날에는 정말 멋진 문방구를 발견하는가 하면 또 어떤 날에는 특별할 것 없는 문방구를 만나기도 했지요.

하지만 돌이켜 보면 태국에 있는 문방구를 찾아다니던 그 모든 여정이 특별했습니다. 태국인의 생활을 깊은 곳까지 들여다볼 수 있었고 태국의 문화와 역사까지 알게 된 중요한 시간이었으니까요.

『태국 문방구』의 원고를 쓰는 동안 어떻게 하면 태국 문방구의 공기를 그대로 전달할 수 있을지 가장 많이 고민했던 것 같습니다. 어떤 장면을 담으면 좋을까? 어떤 문구에 대해서 이야기할까? 그런 고민들을 안고 이 책을 쓰면서 가장 기뻤던 점은, 그동안 혼자만 알던 태국의 재미있고 흥미로운 문방구를 많은 분과 나눌 수 있게 되었다는 것입니다.
문구는 써야 그 진가를 알 수 있듯이 문방구도 사람들이 찾아가서 그 공간을 즐겨야 빛을 발한다고 생각합니다. 지금은 비록 코로나19 팬데믹으로 나라와 나라 사이를 자유롭게 왕래하기 어렵지만, 이 책을 통해 태국의 문방구를 간접적으로나마 즐길 수 있기를 바랍니다. 그리고 이 책이 출간될 즈음에는 상황이 나아져 『태국 문방구』를 들고 태국을 방문할 수 있게 되었으면 좋겠습니다.

이 책 『태국 문방구』를 쓸 수 있도록 소중한 제안을 해주신 출판사
소장각의 노성일 소장님께 감사의 인사를 전합니다. 더불어 책을 만들어
가는 동안 함께 호흡하고 손발을 맞춰주신 서하나 편집자님께도 정말
감사드립니다. 『태국 문방구』에 관심을 보여주신 독자 한 분 한 분께도
큰 감사의 인사를 드리고 싶습니다.
    그리고 이 책은 태국 현지 친구들의 도움이 정말 컸습니다.
찌쳐이문방구를 찾아갈 수 있게 큰 도움을 준 녹(Nok) 언니와 쭐라롱껀대학교
졸업생 커뮤니티, 그리고 태국 곳곳의 문방구를 함께 다니고 문구 촬영에
도움을 준 윈(Win) 오빠에게 진심으로 감사의 인사를 보냅니다.

『태국 문방구』 이야기는 이제 마무리가 되지만, 이 책 덕분에 태국 생활
이야기를 더 많이 공유하고 싶다는 마음이 생겼습니다. 그리고 기회가
된다면 태국어판 『태국 문방구』도 나와 이 책을 태국 사람들과도 함께
즐길 수 있었으면 좋겠다는 생각도 했습니다. 그러면 태국과 한국의
또 다른 이야기가 펼쳐질 수 있겠지요?

어느새 태국의 문방구를 찾아다니고 글로 담아내는 일이 일상의 큰 부분을 차지하고 있습니다. 그리고 이 책 『태국 문방구』를 쓰며 매 순간 참 행복했습니다. 이 마음을 가슴에 담고 태국 문방구 이야기는 앞으로도 꾸준히 기록해가려고 합니다. 외로움으로 회색빛이던 태국 생활을 컬러풀하게 빛나게 해준 태국 문방구에게 마지막으로 이 말을 전해야겠네요.

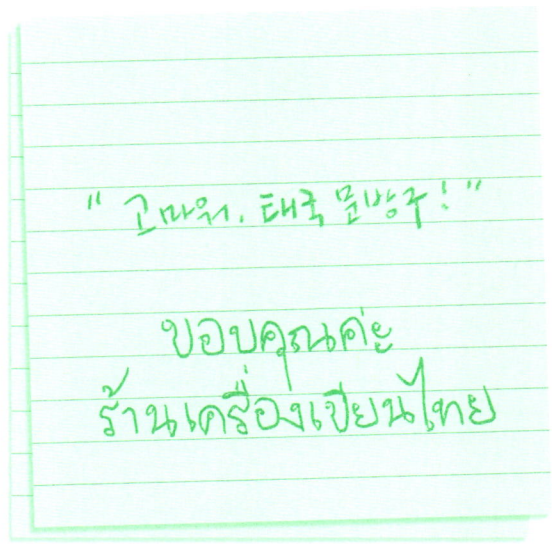

이 책에 소개된 장소들

첫 번째 여행지 → 방콕

방콕   กรุงเทพฯ, Bangkok

쏨쌉문방구
เสริมทรัพย์, Soemsap
- Sukon Alley, Talat Noi, Samphanthawong, Bangkok 10100
  2 ซอย สุกร แขวง ตลาดน้อย เขตสัมพันธวงศ์ กรุงเทพมหานคร 10100
- 매일 09:00-16:30
- +66-2-221-2658

찌처이문방구
ร้านจี๋ฉ่อย, Ji Choi
- Soi Chulalongkorn 42, Wang Mai, Pathum Wan District, Bangkok 10330
  ซอย จุฬาลงกรณ์ 42 แขวง วังใหม่ เขตปทุมวัน กรุงเทพมหานคร 10330
- 매일 07:00-20:00
- +66-2-216-2285

미디엄스
มีเดียมส์, mediums
- 10/1 Soi Sukhumvit 42, Sukhumvit road, Phrakhanong, Klongtoey, Bangkok 10110
  10/1 สุขุมวิท 42 Prakhanong, เขตคลองเตย กรุงเทพมหานคร 10110
- 매일 07:00-19:00
- +66-2-125-2548
- mediumsgroup.com

난미 싸톤본점
บริษัทนานมีจำกัด
NAN MEE Co., LTD.
- 146 N Sathon Rd, Silom, Bang Rak, Bangkok 10500
  146 ถนน สาทรเหนือ แขวง สีลม เขตบางรัก กรุงเทพมหานคร 10500
- 매일 08:30-17:30
- +66-2-648-8000
- www.nanmee.com

난미 짜른끄룽점
บริษัทนานมีจำกัด สาขาเจริญกรุง
NAN MEE Co. Charoen Krung
- 632, 636 Charoen Krung Rd, Samphanthawong, Bangkok 10100
  632, 636 ถ. เจริญกรุง แขวง สัมพันธวงศ์ เขตสัมพันธวงศ์ กรุงเทพมหานคร 10100
- 매일 09:00-18:00
- +66-2-221-7726
- www.nanmee.com

모하마드문방구
โมฮัมหมัด, MOHAMAD
- 60 Charoen Krung Rd, Wang Burapha Phirom, Phra Nakhon, Bangkok 10200
  60 ถ. เจริญกรุง แขวง วังบูรพาภิรมย์ เขตพระนคร กรุงเทพมหานคร 10200
- 월-토요일 14:00-18:00 일요일 휴무
- +66-89-689-6445

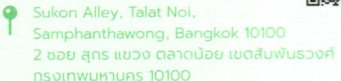

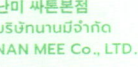

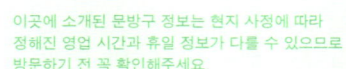

※ 이곳에 소개된 문방구 정보는 현지 사정에 따라 정해진 영업 시간과 휴일 정보가 다를 수 있으므로 방문하기 전 꼭 확인해주세요.

두 번째 여행지—수판부리, 사라부리, 나콘빠톰

수판부리   สุพรรณบุรี, Suphan Buri

윗타야판문방구
วิทยาภัณฑ์

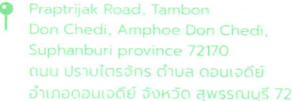

- Praptrijak Road, Tambon Don Chedi, Amphoe Don Chedi, Suphanburi province 72170
  ถนน ปราบไตรจักร ตำบล ดอนเจดีย์ อำเภอดอนเจดีย์ จังหวัด สุพรรณบุรี 72170
- 매일 07:00-19:00

엑와닛쌈축문방구
เอกวณิชสามชุก

- 225/40 Sam Chuk District, Suphan Buri 72130
  225/40 อำเภอสามชุก สุพรรณบุรี 72130
- 매일 07:00-18:30
- +66-61-464-9365

사라부리   สระบุรี, Saraburi

나나판문방구
นานาภัณฑ์

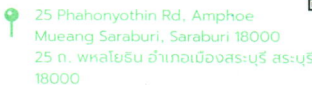

- 25 Phahonyothin Rd, Amphoe Mueang Saraburi, Saraburi 18000
  25 ถ. พหลโยธิน อำเภอเมืองสระบุรี สระบุรี 18000
- 평일 07:30-19:30 토요일 08:00-18:30 일요일 휴무
- +66-36-221-870

나콘빠톰   นครปฐม, Nakhon Pathom

북쓰쥬니어
บุ๊คส์จูเนียร์, Books Junior

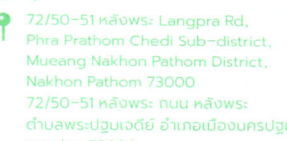

- 72/50-51 หลังพระ Langpra Rd, Phra Prathom Chedi Sub-district, Mueang Nakhon Pathom District, Nakhon Pathom 73000
  72/50-51 หลังพระ ถนน หลังพระ ตำบลพระปฐมเจดีย์ อำเภอเมืองนครปฐม นครปฐม 73000
- 월-토요일 08:00-19:30 일요일 08:00-17:30
- +66-34-217-152

세 번째 여행지 — 치앙마이, 빠이, 치앙라이

치앙마이   เชียงใหม่, Chiang Mai

페이퍼스푼
Paper spoon

- 36/14, Mueang Chiang Mai District, Chiang Mai 50200
  36/14, อำเภอเมืองเชียงใหม่ เชียงใหม่ 50200
- 월요일 및 목-일요일 11:00-17:00
  화-수요일 휴무
- +66-89-112-9108

빠이   ปาย, Pai

엄피까문방구
อัมพิกา

- 9 Moo 4, Wiang Tai Subdistrict, Pai District, Mae Hong son Province 58130
  9 หมู่ที่ 4, ตำบลเวียงใต้ อำเภอปาย จังหวัดแม่ฮ่องสอน, 58130
- 매일 09:30-19:30
- +66-53 699 363

치앙라이   เชียงราย, Chiang Rai

치와랏위타야문방구
ชีวรัตน์วิทยา

- 431/2 สุขสถิตย์, Wiang, Mueang Chiang Rai District, Chiang Rai 57000
  431/2 สุขสถิตย์ สุขสถิต ตำบล รอบเวียง อำเภอเมืองเชียงราย เชียงราย 57000
- 평일 07:00-20:00 주말 08:00-20:00
- +66-53-711-509

치앙라이테파완문방구
เชียงรายเทพวัลย์

- 526/4-5 Suk Sathit, Wiang, Mueang Chiang Rai District, Chiang Rai 57000
  526/4-5 สุขสถิต ตำบล เวียง อำเภอเมืองเชียงราย เชียงราย 57000
- 평일 07:00-19:00 주말 08:30-18:30
- +66-53-711-259

네 번째 여행지 — 꼬사무이, 핫야이

꼬사무이 เกาะสมุย, Ko Samui

넝임임문방구
น้องอิมอิม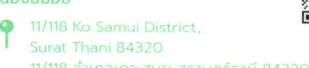
- 11/118 Ko Samui District, Surat Thani 84320
  11/118 อำเภอเกาะสมุย สุราษฎร์ธานี 84320
- 매일 08:00-19:00
- +66-83-644-8027

핫야이 หาดใหญ่, Hat Yai

꺼짝끄라완문방구
ก.จักรวาล (2003) สาขา 2
- 23/3 Platha, Tambon Bo Yang,
  Mueang Songkhla District, Songkhla 90000
  23/3 ปะทำ ตำบลบ่อยาง อำเภอเมืองสงขลา
  สงขลา 90000
- 매일 08:00-20:00
- +66-74-322-170

다섯 번째 여행지 — 콘깬, 깔라신

콘깬 ขอนแก่น, Khon Kaen

쓱사판콘깬문방구
ศึกษาภัณฑ์ขอนแก่น
Suksapan Khon Kaen
- 23 Thanon Prachasamoson,
  Tambon Nai Mueang, Mueang Khon Kaen
  District, Khon Kaen 40000
  23 ถนน ประชาสโมสร ตำบลในเมือง
  อำเภอเมืองขอนแก่น ขอนแก่น 40000
- 평일 및 토요일 08:00-18:00 일요일 휴무
- +66-43-237-006
- www.suksapankhonkean.com

깔라신 กาฬสินธุ์, Kalasin

나나북스토어
นานาบุ๊คสโตร์, Na Na Book Store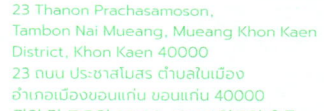
- 129, 131 Thanon Thetsaban 23,
  Mueang Kalasin District, Kalasin 46000
  129, 131 ถ. เทศบาล23 อำเภอเมืองกาฬสินธุ์
  กาฬสินธุ์ 46000
- 평일 06:45-20:00 주말 07:00-20:00
- +66-43-811-208
- www.maceducation.com/product

쓱사판깔라신
ศึกษาภัณฑ์กาฬสินธุ์
Suksapan Kalasin Ltd., Part.
- 147 Thanon Thetsaban 23, อำเภอเมือง,
  Mueang Kalasin District, Kalasin 46000
  147 ถ. เทศบาล23 อำเภอเมือง,
  อำเภอเมืองกาฬสินธุ์ กาฬสินธุ์ 46000
- 매일 07:15-20:00
- +66-43-811-544
- www.suksapunkalasin.net

대학교 서점 문방구

쭐라롱껀대학교 서점 문방구
ศูนย์หนังสือจุฬาลงกรณ์มหาวิทยาลัย
CU Book Center

- 📍 อาคารวิทยกิตติ์ Soi Chulalongkorn 64, Wang Mai, Pathum Wan District, Bangkok 10330
  อาคารวิทยกิตติ์ ซอย จุฬาลงกรณ์ 64 แขวง วังใหม่ เขตปทุมวัน กรุงเทพมหานคร 10330
- 🕐 평일 09:00-20:00 주말 08:30-20:00
- 📞 +66-86-323-3704
- 🌐 www.chulabook.com

탐마삿대학교 서점 문방구
ศูนย์หนังสือมหาวิทยาลัยธรรมศาสตร์
TU Book Center

- 📍 79 Phra Chan Klang, Phra Borom Maha Ratchawang, Phra Nakhon, Bangkok 10200
  79 พระจันทร์กลาง แขวงพระบรมมหาราชวัง เขตพระนคร กรุงเทพมหานคร 10200
- 🕐 평일 09:30-17:30 주말 10:00-16:00
- 📞 +66-2-613-3890
- 🌐 bookstore.tu.ac.th

콘깬대학교 서점 문방구
ศูนย์หนังสือขอนแก่นมหาวิทยาลัย
KU Book Center

- 📍 123 Mittraphap Rd, Tambon Sila, Mueang Khon Kaen District, Khon Kaen 40002
  123 ถนน มิตรภาพ ตำบล ศิลา อำเภอเมืองขอนแก่น ขอนแก่น 40002
- 🕐 평일 및 토요일 08:30-18:30 일요일 휴무
- 📞 +66-43-202-842
- 🌐 shop.kku.ac.th

미술관 아트숍

뮤지엄씨얌
Museum Siam

- 📍 4 Sanam Chai Rd, Phra Borom Maha Ratchawang, Phra Nakhon, Bangkok 10200
  4 ถนน สนามไชย แขวงพระบรมมหาราชวัง เขตพระนคร กรุงเทพมหานคร 10200
- 🕐 화-일요일 10:00-18:00 월요일 휴무
- 📞 +66-2-225-2777
- 🌐 www.museshop.org

모카방콕현대미술관
Museum Of Contemporary Art, MOCA Bangkok

- 📍 499 ถ. กำแพงเพชร 6 Lat Yao, Chatuchak, Bangkok 10900
  499 ถ. กำแพงเพชร 6 แขวง ลาดยาว เขตจตุจักร กรุงเทพมหานคร 10900
- 🕐 화-일요일 10:00-18:00 월요일 휴무
- 📞 +66-2-016-5666
- 🌐 www.mocabangkok.com

BACC 숍
BACC Shop

- 📍 422/5 Phayathai Rd, Wang Mai, Pathum Wan District, Bangkok 10330
  422/5 ถนน พญาไท แขวง วังใหม่ เขตปทุมวัน กรุงเทพมหานคร 10330
- 🕐 평일 및 토요일 09:00-19:00 일요일 10:00-20:00
- 📞 +66-94-410-2024
- 🌐 en.bacc.or.th

디자이너 편집숍

해프닝숍
happening Shop

- Floor 3, No. 939 Rama I Rd,
  Wang Mai, Pathum Wan District,
  Bangkok 10330
  Floor 3, No. 939 ถนน พระรามที่ ๑ แขวง วังใหม่
  เขตปทุมวัน กรุงเทพมหานคร 10330
- 화-일요일 10:00-19:00 월요일 휴무
- +66-2-214-3040
- www.happeningandfriends.com

마무앙숍
Mamuang Shop

- 1 Lan Luang Rd, Wat Sommanat,
  Pom Prap Sattru Phai, Bangkok 10100
  1 ถนน หลานหลวง แขวง วัดโสมนัส
  เขตป้อมปราบศัตรูพ่าย กรุงเทพมหานคร 10100
- 수-일요일 11:00-19:00 월-화요일 휴무
- +66-90-981-1372
- mamuangshop.com

그레이레이 스테이셔너리
GREY RAY STATIONERY

- 86/7 Ratchaprarop Rd,
  Thanon Phaya Thai, Phaya Thai, Bangkok
  10400
  86/7 ถนนราชปรารภ แขวง ถนนพญาไท
  เขตพญาไท กรุงเทพมหานคร 10400
- 평일 08:00-19:00 주말 08:30-19:00
  *GREY RAY CAFE & MORE 카페 내 운영
- +66-85-043-7666
- www.grey-ray.com

우체국 기념품숍

프라카농우체국
Phra Khanong Post Office
ไปรษณีย์ไทย สาขาพระโขนง

- 1571 1773 Sukhumvit 69 Alley, Phra Khanong
  Nuea, Watthana, Bangkok 10110
  1571 1773 ซอย สุขุมวิท 69 แขวง พระโขนงเหนือ
  เขตวัฒนา กรุงเทพมหานคร 10110
- 평일 08:00-20:00 토요일 08:00-17:00
  일요일 08:00-12:00
- +66-2-391-6047
- www.thailandpost.co.th

방콕 중앙우체국지점
Grand Postal Building
ไปรษณีย์ กลางบางรัก

- 2 Charoen Krung Rd, Bang Rak,
  Bangkok 10500
  2 ถ. เจริญกรุง แขวง บางรัก เขตบางรัก
  กรุงเทพมหานคร 10500
- 평일 08:00-20:00 토요일 08:00-16:00
  일요일 08:00-12:00
- +66-2-614-7455
- www.thailandpost.co.th

참고 자료

기사 및 영상

「국내외 브랜드가 골고루 사랑받는 태국 필기구 시장」,
태국 방콕무역관 김민수, kotra 해외 시장 뉴스 웹사이트, 2020년 5월 12일

「태국 문구시장, 올해 11억 달러 매출 전망」,
태국 방콕무역관 박영선, kotra 해외 시장 뉴스 웹사이트, 2011년 6월 7일

난미그룹 유튜브
Horse 제품 홍보 영상

태국 문구 관련 회사 및 브랜드 사이트

오피스메이트
OfficeMate

비투에스
B2S

쏨짜이
สมใจ, Somjai

쑥사판
Suksapan

디에이치에이 쎄암왈라
D.H.A Siamwalla

난미그룹
NAN MEE Industry Co., Ltd.

엠앤드지
M&G